넥스트 인플루언서

100만 팔로워 크리에이터, 매출 1,000억 콘텐트의 비밀

넥스트 인플루언서

한정훈 지음

Pegasus
페가수스

2020년 3월 이후 본격화된 코로나바이러스가 우리 삶의 모든 부분을 바꿔 놓았다. 콘텐트 비즈니스도 마찬가지다. 스트리밍 서비스가 급격히 영역을 확장했고, 이제 관객들은 신작 영화를 기다릴 필요가 없어졌다. 극장과 스마트폰에서 동시에 영화를 개봉하는 시대가 열렸다.

코로나바이러스는 시청 방식뿐만 아니라 내용의 변화까지 만들어냈다. 집 안에서 공부하고 일하는 시대, 인터넷 세상의 여론을 주도하는 인플루언서들에 의해 지각 변동이 일어났다. 혼자 할 수 있는 운동이나 취미를 다루는 인플루언서의 수가 크게 늘었고 인간이 아닌 버추얼 인플루언서 Virtual Influencer 도 이제 낯설지 않다.

이 책은 우리 곁에 찾아온 '넥스트 인플루언서'를 찾아가는 미래 지도다. 책의 1부에서는 넥스트 인플루언서들이 걷고 있는 경로를 추적하고 방향성을 예측한다. 더불어 그들이 만들고 있는 생태계를 비즈니스의 틀로 분석했다. 2부에서는 100만 팔로워의 인플루언서가 만들어지는 과

정과 그들을 둘러싼 비즈니스 모델을 이야기한다.

3부는 콘텐트 시장에 관한 이야기다. 스트리밍 서비스Streaming Service와 구독경제Subscription가 만나면서 콘텐트 시장이 요동치고 있다. 텔레비전의 시대가 아닌 스트리밍의 시대. 시대가 변한 만큼 소비되는 콘텐트도 다를 수밖에 없다. 콘텐트가 플랫폼Platform을 거치지 않고 고객과 직접 만나는 시대가 오면서 콘텐트의 종류와 유통 경로도 달라졌다.

콘텐트의 새로운 흐름을 담은 3부의 내용이 1부, 2부와 이질적이라고 느낄 수도 있지만, 시대를 관통하는 콘텐트라는 측면에서 함께 이야기할 수 있는 주제라고 생각한다. 새로운 길을 걷는 넥스트 인플루언서들과 바뀐 길(스트리밍 서비스)에서 흐르고 있는 (넥스트) 콘텐트는 함께 볼 필요가 있다.

결론적으로 말해, 이 책은 넥스트 인플루언서와 새로운 콘텐트의 탄생과 성장 과정을 추적하고, 더 나아가 이들의 움직임을 토대로 미래를 예측한다. 전작《스트리밍 전쟁》이 코로나바이러스 유행 이후 벌어진 미디어 시장의 구조적 변화를 다뤘다면,《넥스트 인플루언서》는 미디어를 채우는 콘텐트 시장의 변화를 묘사한다. 그리고 변화하는 형식과 내용이 어떻게 화학적 작용을 일으키며 미래를 만들어갈지 예측한다.

이 책에서 다루는 사례와 인물들의 주 활동 무대는 미국이다. 그러나 온라인을 통해 실시간 소통이 가능한 지금, 인플루언서의 활동이나 콘텐트 분야의 확산에 국경이 따로 있을 수 없다. 미국에서의 변화가 한국에 영향을 미치고, 미국의 인플루언서나 콘텐트가 한국에 실시간으로 진출할 수 있다. 이는 미국의 변화를 보며 한국의 미래를 예측할 수 있다는 이야기이기도 하다. 그런 이유로 이 책에서는 넥스트 인플루언서들의 행적을 우리의 시각으로 해석하고 서술했다.

2021년은 콘텐트 산업에 있어서 완전히 새로운 시기가 될 것이다. 코로나바이러스의 영향으로 형식의 변화가 이루어졌고, 여기에 내용의 변화까지 수반할 것으로 보인다. '넥스트Next'라는 이름 아래 인플루언서와 콘텐트를 함께 묶은 이유가 여기 있다.

전작 《스트리밍 전쟁》이 콘텐트와 TV의 형식에 관한 그림이었다면, 이 책은 PC와 스마트폰, TV에 보이는 것들에 대한 단상이다. 최대한 생생한 사례를 반영하기 위해 최근의 언론 보도와 발간 서적, 온라인 세미나 등을 집중적으로 참조하여 내용에 반영했다. 특히 해외 전문지와 신문 기사를 많이 참조했다.

최신의 팩트를 담기 위해 애썼고, 중장기적인 트렌드로 자리 잡지 못할 것으로 보이는 사례들은 과감히 뺐다. 많은 소스를 신문과 인터넷, 드라마, 스트리밍 서비스, 사람을 만나며 얻었다. 전작에 대한 독자의 의견을 반영하여 한국의 실정을 담기 위해서도 노력했다.

　이 글을 쓴 시각은 주로 새벽 3시 즈음이었다. 특별히 열심히 살겠다는 생각으로 새벽에 일어나 쓴 건 아니고, 가장 집중이 잘되는 시간을 택했다. 그때가 미국과 한국에 떨어져 지내는 가족과 하루의 소통을 시작하는 순간이기도 하다.

　이 책의 키워드는 넥스트 인플루언서, 콘텐트, 스트리밍 서비스, 새로운 미래, 뉴미디어 등이다. 책을 쓰면서 가장 중요하게 생각한 건 '정보의 전달'이 아닌 '생각의 공유'였다. 이렇게 공유한 생각이 나를 바꾸고 세상을 변화시킬 것이라 굳게 믿는다. 미디어라는 이슈는 취향의 문제다. 그래서 한 방향으로 흘러가지 않는다. 시대정신은 있지만 지식을 강요하는 공식이 적용되지는 않는다는 이야기다.

　이 책은 혼자만의 산물이 아니다. 글은 처음이 가장 어렵다. 그래서 글머리를 여는 데 도움을 준 분들에 대한 고마움이 앞선다. 어제, 오늘, 내일을 함께할 아내 성현은 이 책의 가장 큰 조력자다. 나만의 활자들이 모두의 길에 놓일 수 있도록 방향을 잡아주었다. 안정상 선배님, 법무법인 세종의 이종관 선배님, 한성만 센터장님, 양원보 기자, 봉지욱 기자, 노진호 기자 그리고 미국에 있는 케빈 Kevin 에게 깊은 고마움을 느낀다. 책 발간을 허락해준 회사와 기자 생활의 대부분을 같이 한 방송통신위

원회 직원들께도 감사드린다. 글의 토양을 만들어주신 부모님, 뛰어난 공감 능력으로 기꺼이 첫 독자가 되어 주신 장모님, 장인께 이 책을 드린다. 고마운 분들을 모두 담기에는 지면이 부족하다. 책에 담지 못한 분들에 대한 고마움은 기회가 닿는 대로 찾아다니며 갚으려 한다.《넥스트 인플루언서》가 많은 독자를 만나길 바란다.

한정훈

차례

프롤로그

2021년 2월, 미국 할리우드에서 의미 있는 일이 벌어졌다. 미국 배우 조합과 TV-라디오 예술가 연합이 '인플루언서 협정 Influencer Agreement'을 승인한 것이다. 이로 인해 틱톡이나 인스타그램 등에서 활동하는 인플루언서들도 영화나 TV 배우들의 이익을 대변하는 조합의 일원으로 참여할 수 있게 됐다. 이는 1억 명의 팔로워를 보유한 16세의 인플루언서 샤를리 다멜리오가 21개 오스카상을 받은 메릴 스트립 Meryl Streep 과 같은 조합원이 됐다는 의미다.

이 협정은 콘텐트 사업 지형의 변화를 보여주는 대표적 사례다. 이제 거대 할리우드 스튜디오들도 인플루언서의 영향력을 무시할 수 없게 되었음을 뜻하기 때문이다. 배우조합에서 유튜브 크리에이터들에게 문호를 개방한 적은 있지만, 인플루언서들을 완전히 시스템 내로 끌어들인 건 이번이 처음이다.

가브리엘 카테리스 Gabrielle Carteris 배우조합 회장은 성명을 통해 "인플루언서 협정은 그들이 만드는 콘텐트의 특수성에 맞추어 작성됐으며, 이제 인플루언서들도 배우조합의 일원으로 다양한 보호를 받을 것"이라고 말했다. 이와 관련하여 배우조합은 "비디오와 오디오 작품을 만들어 광고 등을 유치하는 인플루언서들도 건강보험 혜택을 포함해 조합원의 다양한 권리를 누릴 수 있다."라고 설명했다.

틱톡이나 스냅챗, 인스타그램, 유튜브 등에서 활동하는 인플루언서들은 이미 하나의 경제를 형성했다. 특히, 비정상을 정상으로 만든 코로나바이러스 대유행 이후 인플루언서들이 만드는 콘텐트가 사람들의 일상을 움직이고 있다. 학교에 가는 대신 유튜브로 수업을 듣고, 친구가 아니라 인플루언서가 추천해주는 옷을 입는 일이 보편화 되었다.

이 책은 이 같은 사회적 변화에 대한 기록이다. 변화한 환경과 함께 부상한 인플루언서들, 점점 더 영역을 넓혀가는 크리에이터들과 그들이 생산하는 콘텐트의 내용과 특징을 분석하였다. 이와 함께 그들이 이루어낸 '콘텐트 시장 혁신Transformation'에 대해서도 짚어본다. 10만, 100만 명의 팔로워를 보유한 인플루언서의 성장 과정을 알아보고, 앞으로 어떤 방향으로 산업을 이루며 분화되어갈지도 예측해본다. 그들의 만드는 콘텐트의 변화 방향도 살펴보았다.

2020년 들어 미디어 시장의 구조 개편이 본격화되었고, 2021년에도 국내외를 막론하고 시장이 급변할 것으로 보인다. 판이 흔들리고, 흔들린 자리에서 새로운 서비스가 튀어나올 것이다. 앞으로 수년간 이어질 미디어 구조 개편의 중심에 '코로나바이러스로 인한 외생적 변화' '인플루언서가 만드는 새로운 지형' '포스트 코로나 시대의 콘텐트'가 자리할 것으로 보인다.

코로나바이러스로 인한 외생적 변화

코로나바이러스 대유행이 많은 것을 바꿔 놓았다. 미디어 시장도 마찬가지다. 극장이 다시 문을 열기 위해 서두르고 있지만, 심리적인 불안감은 여전하다. 좌석 간 거리 두기, 식음료 판매 등에서 과거보다 더 엄격한 기준이 만들어질 가능성이 크다. 이를 이유로 극장 관람 가격도 인상될 것으로 보인다. 극장에서만 상영할 수 있는 콘텐트가 줄어들 가능성도 있다. 중급 예산 영화는 극장 대신 스트리밍 서비스로 직행할 확률이 높다.

비대면 이벤트는 이제 일상으로 자리 잡았다. 2021년 초, CES는 사상 처음으로 버추얼 행사를 진행했다. 기업들의 전시 부스, 초청 연사의 강연 Key note Speech 도 온라인으로만 방송됐다.

문제는 방청객을 모아놓고 호응을 유도하는 방식의 프로그램을 할 수 없다는 점이다. 미국이나 한국이나 대중적으로 인기 있는 포맷인데, 업계 분위기를 보면 2021년 하반기나 되어야 조심스럽게 재개할 수 있을 것으로 보인다. 그렇게만 된다면 방송이 다시 예전의 분위기를 찾을 가능성이 크다.

인플루언서가 만드는 새로운 경제

코로나바이러스는 인플루언서의 성장에 큰 공헌(?)을 했다. 대면 접촉이 어려워지면서 인터넷으로 사람들과 접촉하고 정보를 구하는 빈도가 높아졌기 때문이다. 쉽게 영상을 만들 수 있는 숏폼 서비스의 확산도 인플루언서를 증가시켰다.

인플루언서들의 성공 방정식도 이전과 달라졌는데, 과거에는 지역 방송이나 연극에서 성공해 지상파TV로 출연하는 것이 목표였지만, 지금은 다르다. 성공한 크리에이터들은 넷플릭스나 훌루에서 자신의 다큐멘터리를 찍는다. 지상파 TV가 미국 전역으로 퍼뜨린다면, 스트리밍 서비스는 전 세계로의 진출이다. 차원이 다르다. 트럼프의 발언을 립싱크해서 틱톡에 올린 뒤 많은 팬을 확보한 세라 쿠퍼는 넷플릭스 다큐멘터리로 진출하면서 글로벌 스타가 됐다.

포스트 코로나 시대의 콘텐트

2021년에는 OTT, 즉 스트리밍 서비스의 본격적인 경쟁이 시작될 것으로 보인다. 디즈니+가 한국 진출을 발표했고, HBO맥스(워너미디어), 플루토TV(CBS)도 한국행을 준비 중이다. 국내에서는 쿠팡이 '쿠팡플레이'를 시작했다. 플랫폼 전쟁의 무기가 될 콘텐트(특히, 오리지널 콘텐트)도 본격적으로 공급될 것이다. 오리지널 콘텐트 경쟁은 인플루언서, 크리에이터들에게 새로운 기회의 문을 열어줄 수 있다.

스트리밍 서비스의 강세가 예상되는 가운데, 드라마 장르가 초강세를 보일 것으로 전망된다. 코로나바이러스 대유행 이후 사람들이 집에 머무는 시간이 늘면서 드라마를 보는 빈도나 소비 시간이 늘었다. 이에 발맞춰 스트리밍 기업들의 오리지널 드라마 제작도 늘고 있다. 코로나바이러스로 인한 제작 중단 사태만 발생하지 않는다면, 2021년은 그야말로 드라마 전성시대가 될 것으로 보인다.

넷플릭스 등이 한국의 콘텐트를 소개 및 제작하고, 국내 OTT 스트리밍 서비스가 외국으로 진출하고 있는 만큼 K드라마가 해외 시청자들을 만날 기회도 더욱 늘어날 것으로 보인다.

넥스트 인플루언서

인터넷이 급속히 발전하면서 부상하기 시작한 인플루언서Influencer. 인스타그램, 페이스북, 유튜브 등 소셜미디어 서비스가 확대되면서 온라인 인플루언서의 수가 급격히 늘고 있다. 이들의 영향력은 이제 웬만한 TV 스타를 능가한다. 특히, 10대들이 좋아하는 인플루언서의 영향력은 가히 절대적이다. 인플루언서늘은 새로운 문화를 규정하는 역할을 넘어, 이제 '인플루언서 문화'를 만들고 있다.

특히 코로나바이러스 대유행 이후 인플루언서 시장이 혁명적으로 바뀌고 있다. 1세대 인플루언서들이 셀럽Celab, 즉 유명인 위주였다면, 지금은 자신만의 아이템으로 유명해져서 셀럽으로 발전하는 경우가 많다. 이제 방송사, 플랫폼 사업자들이 나서서 인플루언서와 함께 콘텐트를 만들고 마케팅도 하며 사업의 미래를 만들어가고 있다. 비즈니스 측면으로도 상당히 성장했다는 이야기다.

인플루언서의 나이도 대폭 어려졌다. 과거에는 특정 영역에서 성공한 인물이나 유명인들이 인플루언서로서 여론을 주도했지만, 이제 10대, 이른바 Z세대들이 유명 인플루언서 대열에 합류하고 있다. 전자가 완성형이라면 후자는 성장형이라고 할 수 있다. 사람들이 완성형 인플루언서로부터 정보를 얻었다면, 성장형 인플루언서에게는 공감과 감동을 얻는다. 이들은 주로 소셜미디어를 통해 관심사가 비슷한 또래들로부터 강한 지지를 받고 있다.

소셜미디어 활동이 활발해지고 인플루언서가 확산하면서 새로운 시장도 만들어지고 있다. 경제 잡지 포브스에 따르면, 틱톡_{TikTok} 상위 7인의 인플루언서들은 2019년 한 해 동안 적어도 100만 달러 이상을 벌어들였다고 한다. 포브스는 틱톡 스타들 중 애디슨 래 이스터링_{addison Rae Easterling}이 500만 달러 이상을 벌어들여 가장 수입이 많은 것으로 추정했다. 그녀는 소셜미디어에서 쇼핑 분야 구루로 불린다.

2위는 4백만 달러를 벌어들인 샤를리 다멜리오_{Charli D'Amelio}다. 이스터링과 다멜리오는 틱톡 이용자들이 가장 많이 팔로우하는 크리에이터로, 다멜리오의 팔로워는 2021년 1월 현재 1억 명을 돌파했다. 둘 다 2019년에 틱톡을 시작했는데, 짧은 시간 동안 대박이 났다. 샤를리 다멜리오는 미국 코네티컷에 사는 16세 소녀다. 이 소녀가 올리는 콘텐트에는 일관성이 있다. 신나는 모습으로 춤추고 노래 부르는 영상들이다. 이같은 일상의 모습에 사람들이 몰려들었다.

다멜리오는 '레니게이드_{Renegade}'라는 가사가 반복되는 K캠프_{K camp}의 노래 '로터리_{Lottery}'에 맞춰 추는 춤으로 인기를 끌었고, 틱톡 스타 중 처음으로 미국 스포츠 최고 행사인 '수퍼볼_{Superbowl}' 광고에도 출연했다. 가수 제니퍼 로페즈와 벌인 댄스 챌린지는 그녀를 글로벌 스타로 만들었다. 현재 다멜리오는 스트리밍 서비스 훌루의 Hulu에서 방송 예정인 자전적 다큐멘터리도 찍고 있다.

기업들은 폭발적 인기를 누리는 인플루언서들을 홍보 수단의 중심에 두고 있다. 물론 인플루언서들도 수익 창출을 위해 기업을 적극적으로 유치한다. 때로는 자기 이름을 딴 상품도 내놓는다. 다멜리오와 이스터링도 둘 다 자체 화장품 브랜드를 출시했다.

이 책에서 소개하는 인플루언서들의 주요 활동 무대는 미국이다. 한국을 무대로 활동하는 크리에이터, 인플루언서 중에도 유명한 이들이 많다. 하지만 이 책에서는 글로벌시장의 최신 경향을 담아 독자들에게 인사이트 Insight를 주는 데 초점을 맞췄다. 그럼 지금부터 코로나바이러스 이후 최신 인플루언서 지도와 특성을 따라가 보자.

세부적인 내용을 살펴보기 전에 간단히 정리하면, 최근 3년간 미국 인플루언서들은 유튜브에서 시작해 틱톡, 인스타그램, 스냅챗 등의 소셜미디어로 분화해 갔다. 주요 인플루언서들의 연령은 20대 위주에서 10대 초중반으로 낮아졌나. 이는 소셜미디어 서비스 이용연령이 낮아지는 것과도 같은 흐름이다. 이에 반해 페이스북을 무대로 활동하는 크리에이터나 인플루언서는 잘 감지되지 않는다. 활발하게 활동하는 사람들도 있겠지만, 콘텐트를 만들고 트렌드로 전환하기 위해서는 짧은 형태의 동영상, 즉 '숏폼 콘텐트'를 유통하는 플랫폼이 상대적으로 유리해 보이는 것이 사실이다.

미국에서 활동하는 인플루언서들의 지역 분포도 분석했다. 미국 인플루언서들은 주로 로스앤젤레스나 뉴욕, 댈러스 등에 분포되어 있다. 그리고 그 지역은 계속 넓어지고 있다. 인플루언서의 영향력이 연예인 수준으로 확대된 탓이다.

2020년 말 미국을 들끓게 한 흑인 인권 시위 이후 미국 인플루언서 집합지역(클러스터)으로 뜨고 있는 조지아주 애틀랜타에 대한 분석도 일부 포함했다. 이제 기업의 마케팅을 비롯해 이슈의 중심에 선 인플루언서들을 따라가 보자.

Z세대 인플루언서의 부상

18세~24세의 젊은 층인 Z세대 인플루언서들이 강력한 광고 플랫폼으로 진화하고 있다. 기업의 브랜드 광고 등이 Z세대 인플루언서가 운영하는 인스타그램, 유튜브 등 소셜미디어에 대거 유치되고 있다. 다른 어떤 연령대보다 그들의 콘텐트가 상업적으로 가치 있다는 평가 때문이다. 이는 코로나바이러스 대유행 이후 크게 활성화된 새로운 풍속도다. 한국도 점점 그렇게 되어가고 있지만, 미국의 경우에는 인플루언서 경제가 사실상 완성되어가는 모습이다.

미국에서는 개인 소셜미디어에 스폰서를 유치하는 것이 무척 자연스럽고, 기업이나 상품의 노출도 노골적이다. 스폰서 콘텐트에 대한 거부감이나 규제가 별로 없는 미국과 달리, 한국에서는 이에 대한 거부감이 상당한 편이다. 일부 유튜버들이 영상 하단에 유료 광고 포함 표시를 하지 않거나, 어떤 경로로도 광고라는 사실을 알리지 않고 "내 돈 주고 내가 샀다."라며 제품을 홍보하는 소위 '뒷광고' 때문에 사회적인 논란이 일기도 했다. 그러나 인플루언서 콘텐트의 영향력이 점점 커지는 만큼, 한국의 '뒷광고' 논란도 규제와 자율이 맞물리면서 서서히 해결될 것으로 보인다.

인플루언서 마케팅 플랫폼인 클리어 Klear 에서 2020년 1월부터 8월까지 미국의 인플루언서 4,850명을 대상으로 연령대별 유료 브랜드 포스트, 비디오, 스토리 등의 요청 가격을 조사했다. 그 결과 Z세대(1990년대 중반~2000년대 초반 출생)가 알파 세대(2010년대 초반~2010년대 중반 출생), 밀레니얼 세대(1981년~1996년 출생), X세대(1965년~1980년 출생) 등 여타 모든 세대를 압도한 것으로 나타났다.

조사 결과, Z세대의 인스타그램 평균 유료 포스트 요청 가격은 520달러였다. 2위인 밀레니얼 세대의 448달러에 비해 월등히 높은 수준이다. Z세대에서 가장 높은 수준의 유료 포스트 요청 금액은 우리 돈으로 90만 원에 가까운 807달러나 됐다. 유명 인플루언서의 인스타그램에 광고하려면 이 정도의 돈이 필요하다는 이야기다.

인플루언서들은 일반적으로 팔로워 규모, 응답률, 계약 관계 등에 따라 그들의 포스트 가격을 정한다. 2020년 이전에는 유료 포스트를 내보내기 위해 수십만 명의 팔로워가 필요했다. 그러나 코로나바이러스 대유행 이후에는 상황이 조금 바뀌었다. 이제 유료 포스트 수익을 올리기 위해 팔로워가 수십만 명까지 필요하지는 않다. 팔로워 1만~10만 명 정도인 마이크로 인플루언서들 중에도 후원 포스트로 수천 달러의 수익을 올리는 사람들이 생겨나고 있다. 이에 여러 Z세대 인플루언서들이 소셜 미디어 서비스를 시작한 지 얼마 되지 않은 시점부터 기업 협찬 포스트

Z세대 인플루언서 애쉴리 존스의 인스타그램

를 준비하고 있다.

2020년에 스무 살이 된 애쉴리 존스Ashley Jones. 그녀는 인스타그램 계정에 46,000명이 넘는 팔로워를 보유하고 있고, 유튜브 채널 구독자도 26,000명이 넘는다. 그녀가 주로 다루는 콘텐트는 Z세대가 관심을 보이는 패션이나 화장법 등이다. 존스 역시 기업 협찬 인스타그램 포스트를 초기부터 운영해 왔다.

2020년 8월, 경제 전문지 비즈니스 인사이더Business Insider와의 인터뷰에서 그녀가 협찬 포스트의 가격에 대해 언급한 일이 있는데, 인스타그램 스토리는 건당 100달러, 인스타그램 피드Feed는 300달러를 받는다고 말했다. 다른 인플루언서들처럼 존스도 기업 협찬 광고로 상당한 수익을 올리고 있었다. Z세대 인플루언서를 둘러싼 경제의 규모도 커지고 있다. 앞서 언급한 다멜리오는 대형 연예기획사 WME와 계약을 맺었다. WME와 같은 연예기획사들은 인플루언서들에게 매니지먼트나 협찬,

콘텐트 관리 등을 제공한다.

유튜브 크리에이터 케이티 벨로테 Katy Bellotte 는 비즈니스 인사이더와의 인터뷰에서 협찬 콘텐트의 가격을 명확히 정하기가 쉽지 않다며, 스폰서십 패키지 sponsorship package 구성에 따라 가격이 달라진다고 이야기했다. 이 패키지는 인스타그램 포스트, 스토리, 30~60초 길이의 유튜브 비디오까지 포함되는데, 패키지를 어떻게 정하느냐에 따라 가격이 달라지는 것으로 알려졌다. 일종의 번들 상품인 셈이다.

곰곰이 생각해보면 한국에서도 Z세대가 소셜미디어 서비스를 주도하고 있는 것이 맞다. Z세대는 유튜브와 넷플릭스, 틱톡 등 각종 영상을 보며 여가를 즐기고 정보를 얻고 또래들과 공유한다. 한국언론진흥재단이 2020년 발표한 '10대 청소년(2,363명) 미디어 이용 조사'에 따르면 10대의 온라인 동영상 플랫폼 이용률은 87.4%였고, 가장 많이 보는 것은 게임 콘텐트(60.7%)였다. 음악 · 댄스(53.1%), 드라마 · 예능(40.9%), 쿡방 · 먹방(39.5%)이 그 뒤를 이었다. 그들이 소비한 콘텐트를 만든 이들 중 일부가 인플루언서가 된다.

상업적인 문제는 미국과 조금 다른 양상을 보였다. 한국의 정서와 법 체계가 이들이 상업 전선에 뛰어드는 것을 어느 선까지 허용할지는 미지수다. 하지만 한국에서 미국과 같은 수준의 기업 협찬을 받기는 힘들 것으로 보인다. '뒷광고' 논란만 봐도 어느 정도 예상할 수 있다. 그러나 전체적인 마케팅 흐름이 소셜미디어 서비스로 옮겨갈 것만은 분명해 보인다. 우리도 한국만의 방식으로 Z세대가 주도하는 협찬 포스트가 생겨날 것이라는 이야기다.

서울대 소비트렌드분석센터가 발간한 《트렌드 코리아 2019》에서는 인플루언서가 주도하는 협찬 등의 시장을 '세포마켓cell market'으로 지칭하고 2020년을 이끌 10대 키워드 중 하나로 선정하기도 했다. 지금도 인스타그램에서 '#마켓'으로 검색하면 200만 개가 넘는 게시물이 검색된다. 인플루언서가 만드는 온라인 경제가 어느 정도 형성되었음을 보여주는 증거다.

남다름과 꾸준함이 성공의 비결, 지미 도널드슨

극한 도전의 유튜버 지미 도널드슨Jimmy Donaldson. 그의 급부상은 최신 유튜브 스타들의 새로운 지형을 보여준다. 유튜브 스타들의 첫 번째 유형은 배우, 작가, 모델, 가수 등 이른바 유명 연예인들이었다. 그러나 도널드슨은 유튜브만을 이용해 스타덤에 도전한 새로운 유형의 노력형 인플루언서다. 그는 매일 일어나자마자 완벽한 비디오를 만들기 위해 상상하고 시도한다. 열두 살 때 유튜브를 시작한 그는 마인크래프트 등 다양한 시도 끝에 지금의 경지에 올랐다.

도널드슨은 유튜브 구독자 1만 명을 넘긴 시점부터 수익을 올리기 시작했다. 그렇게 되기까지 투자도 많이 했다. 처음 동영상 포스트를 올릴 때는 스마트폰으로 영상을 찍었는데, 용량이 늘 부족했고 컴퓨터도 자주 고장 났다고 한다. 고등학교를 졸업한 뒤 도널드슨은 어머니가 원했던 대로 대학에 진학했다. 그러나 금세 학교를 그만뒀다. 어머니에게 알

리지도 않고 말이다. 학교를 그만둔 뒤, 곧바로 그가 좋아하는 유튜브 비디오 제작에 나섰다.

숫자세기 비디오의 성공은 그에게 중요한 교훈을 줬다. 1부터 10만까지 숫자를 세는 영상인데, 총 40시간 동안 숫자세기를 한 후 24시간짜리 영상으로 만들어 올렸다. 유튜브를 하는 많은 이들이 최소한의 노력으로 구독자를 끌어모으려고 하는데, 그는 정반대다. 자신이 콘텐트를 완성하기까지 얼마나 많은 공을 들였는지 구독자들이 알 수 있도록 하는 게 차별화 포인트라고 생각했다.

그의 노력은 스케일이 점점 커졌다. 24시간 동안 감옥에서 지내기도 하고, 정신병원이나 무인도에서 일정 시간을 보내기도 한다. 매우 독특한 설정의 콘텐트다. 이 같은 독특함 때문에 도날드슨의 유튜브 콘텐트에서는 이른바 눈사람 효과Snowball가 발생한다. 처음에는 시청자 수가 많지 않다가 계속 눈덩이처럼 불어나는 것이다. 연간 600만 조회 수View를 넘기기까지 6년이 걸렸지만, 18살에 전업 유튜버로 변신한 이후에는 곧바로 연간 1억2,000만 뷰를 넘겼다. 19살에는 4억6,000만 뷰를 기록했다. 22살인 지금은 한 해 평균 40억 뷰를 만들어낸다. 인기 콘텐트도 점점 늘었다. 친구 집 뒷마당에 오르비즈 Orbeez, 물 구슬 1억 개를 뿌려 놓는 영상의 경우, 2년 만에 1억 뷰를 넘겼다.

실제로 유튜브 조회 수는 '승수 효과'가 확실하다. 구독자 100만 명을 넘기기 위해서는 수년이 필요하지만, 200만 명을 모으기까지는 몇 개월이면 가능하다.

그가 터득한 몇 가지 팁을 공개한다. (이미 아는 것일 수도 있다) 일단 비디오 클립의 길이가 중요하다. 너무 길면 시청하기를 원하지도 않고 다른 콘텐트도 보지 않는다. 반대로 너무 짧으면 사람들이 오래 머물지 않는다. 썸네일 사진이나 제목이 별로여도 클릭을 거의 하지 않는다. 그래서 도날드슨은 10~20분 길이의 영상을 주로 올린다. 제목은 기억하고 공유하기 쉬운 것으로 고른다. "동물 보호소에 있는 강아지 몽땅 입양하기 I Adopted EVERY Dog in a Dog Shelter"같은 식이다. 그런 다음, 비디오 초반 30초에 승부를 건다.

유튜브에서 인기 있는 다양한 장르의 동영상을 나름의 방식으로 바꾸고 섞어서 만든 비디오를 올리는 것도 비결이다. 어이없는 '무모한 도전'이 대표적이다. 얼음 블록 안에서 24시간 견디기, 라면 면발로 가득한 욕조 안에서 오래 견디기 같은 것들이다. 가끔씩 유명인이나 인기 유튜버들이 출연해 공동으로 비디오를 만들기도 하고, 친구들을 불러 극한 도전을 하게 만든 후 어이없어하거나 힘들어하는 표정을 담기도 한다.

도날드슨은 '성공을 위한 지름길'을 믿지 않는다. 그의 유튜브 콘텐트

조회 수 중 상당 부분이 갓 만들어진 새로운 작품에서 나오지 않는다는 점만 봐도 그렇다. 오히려 알고리즘 추천 횟수가 누적된 오래된 영상에서 높은 조회 수가 나온다. 그의 진짜 성공 비결은 '숫자세기' 비디오로 거슬러 올라간다. 한 자리에서 10만까지 숫자를 세는 그 무식한(?) 영상이다. 시청자들은 단순하고 순수한 영상에 매료된다.

그렇다면 도날드슨이 버는 수익은 얼마나 될까? 블룸버그는 그가 유튜브 등 소셜미디어 채널, 게임 채널 등의 광고 매출로 벌어들이는 돈이 1년에 수천만 달러, 우리 돈 수백억 원이나 된다고 보도했다. 엄청난 금액이다.

그는 벌어들인 수익 중 상당 부분을 콘텐트 제작에 투자한다. 이것도 성공 비결일 수 있다. 최근 도날드슨이 제작하는 비디오의 평균 제작비는 10만~30만 달러 수준에 이른다. 우리 돈으로 3억 원이 넘는 제작비인데, 한국의 웬만한 TV 예능프로그램 제작비와 맞먹는다. 도날드슨은 인터뷰에서 "규모가 더 크고 질이 높은 콘텐트를 만들기 위해 투자는 필수"라고 언급했다.

그가 제작한 비디오 클립 중 제작비가 가장 많이 들어간 콘텐트는 약 120만 달러(14억 원)에 달했다. 도전자들에게 현금 더미에 손을 대게 한 다음, 가장 오래 손을 떼지 않고 견디는 사람이 이기는 경기를 담은 콘텐트였는데, 30시간 넘게 경기가 이어졌다. 우승자에게는 100만 달러가 상금으로 주어졌다.

최근 그는 사회공헌이나 기부 성격이 강한 콘텐트를 많이 만든다. 노숙자나 구독자, 심지어 길에서 만난 사람에게 아무 조건 없이 돈을 나눠 주기도 한다. 이런 차별적 행동들이 그가 인기를 계속 이어가게 해주는 원인이기도 하다. 이렇듯 도날드슨의 성공은 선천적 매력이 아니라 분석과 연구에 따른 노력 덕분이다. 성공한 유튜버 중 그 누구도 하루아침에 만들어지지는 않는다.

시선을 사로잡는 요리 스타, 아이탄 버나트

아이탄 버나트Eitan Bernath가 틱톡 스타가 된 건 우연이 아니었다. 2019년 11월, 고등학생인 아이탄은 선생님과 내기를 했다. 2020년 연말까지 틱톡에서 100만 뷰를 달성한 비디오를 포스팅하겠다고 말이다. 당시 아이탄의 틱톡 팔로워는 100명 정노에 불과했지만, 요리에 대한 열정으로 수년간 인스타그램, 페이스북(182만 명), 유튜브(98만5천 명) 등에서 구독자가 점점 늘고 있었다.

그는 노력형이다. 2020년에 고등학교 3학년이 된 아이탄은 구글닥Google Doc에 요리법이나 성공 비결 등을 정리해나갔다. 그리고 마침내 2020년 연말에 약속을 지켰다. 본인이 다니던 미국 뉴저지 사립 고등학교의 식당과 메뉴를 소개하는 '세계 최고의 학교 식당world's best school cafeteria check'이라는 틱톡 영상을 올렸는데, 시청 수 100만 회를 넘었다. 이제 아이탄의 틱톡 팔로워는 90만 명이 넘는다. '좋아요'를 남기는 숫자도 보

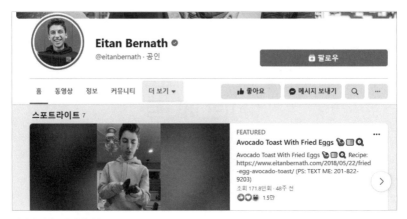

아이탄 버나트의 페이스북

통 2,000만 명이나 된다. 버나트는 비즈니스 인사이더와의 인터뷰에서 "틱톡은 내가 시작한 소셜미디어 서비스 중 최고"라고 말했다.

특히, 버나트는 코로나바이러스 대유행 격리 기간 동안 큰 성장을 했다. 사람들이 집에 갇혀 있을 때 이른바 '격리 요리'라 부를 수 있는 간단한 음식을 재빨리 만드는 영상을 자주 올렸는데, 그게 대박이 났다. 생선 타코에서부터 프라이드 치킨까지 그가 올리는 비디오에 많은 이들이 열광했다. 어린 고등학생이 하는 요리인 데다 속사포 같은 말투와 몸동작으로 재빠르게 진행해서 몰입감이 엄청났다. 버나트는 격리를 주제로 한 인스타그램 동영상을 지속적으로 올리고, 이를 격리 조리법Quarantined Cooking 이라고 불렀다.

조리법 이외에도 사람들이 버나트에게 열광하는 이유가 있다. 빠른 말투와 손 스냅, 몸동작, 집에서 조리하기 전 가게에서 사 온 음식을 버리는 그의 시그니처 움직임까지, 매력적인 동작이 많다. 이에 대해 버나트는 "나는 사람들과 네트워크로 연결되어 일하는 걸 좋아한다. 내 관심은 음식 퍼포먼스를 보여주고 조리법까지 알려주는 것이다."라고 언급했다. 그런 이유로 그를 비추는 카메라는 항상 음식이 아닌 자연스러운 동선에 포커스를 맞춘다. 예능감 넘치는 그의 조리법은 결국 비즈니스로 연결됐다. 버나트는 구독자를 늘리고 몰입도를 높이기 위해 최대한 동작을 빨리했다. 버나트의 요리를 보고 있으면 그의 동작에 시선을 빼앗겨 다른 생각이 들지 않는다.

이 같은 음식 솜씨가 어느날 갑자기 튀어나온 건 아니다. 버나트는 약간 편식을 했다. 그러다가 평소 어머니가 해주시던 것과 다른 방식으로 조리하는 동영상을 본 뒤, 그 조리법대로 음식 만드는 영상을 촬영을 해보기로 결정했다. 그 이후 많은 요리를 했다.

열한 살 때는 '푸드 네트워크Food Network'에서 방송된 〈Chopped〉라는 요리 경연 프로그램에 출연했다. 그 프로그램에 참여한 이후부터 그는 미래의 꿈을 요리사로 잡았다. 열두 살 때 이 방송이 뉴스에 나오면서 유명해진 뒤, 블로그와 인스타그램을 시작했다. 본격적인 인플루언서의 길로 들어선 것이다.

2017년에 그는 '푸드 네트워크'에 다시 출연했다. 이번에는 유명한 가이 피어리Guy Fieri 시리즈인 〈Guy's Grocery Games〉였다. 버나트는 "가이 피어리를 만났을 때, 쇼에 출연해달라는 요청을 받았어요."라고 말하며, 피어리가 그의 우상 중 한 명이었다고 덧붙였다. 그는 "저는 제가 요리사보다 연예인에 가깝다고 생각합니다."라고 말했다.

버나트는 영상 제작에 큰 자부심을 품고 있다. 작품의 품질을 높이기 위해 전문가용 카메라 장비와 조명을 구입했고, 이제는 아예 편집과

eitan ✓ Eitan Bernath · 2020-3-11
Fish Tacos! Recipe Link In Bio! (IG: @EITAN) #taco!
#cooking #recipe #food #eats #chef #lovefood #
#latin

♫ original sound - Eitan Bernath

🚨 신고

♥

24K

버나트가 틱톡에 올린 생선 타코 요리

제작을 위해 그의 제작사_{Eitan Productions}를 통해 전문가들을 고용했다. 그는 "하루에도 10~20개의 작품을 만들기 때문에 나를 위해서 일해줄 사람이 필요하다."고 말했다.

그는 제작사와 개인 브랜드를 합쳐 10개가 넘는 소셜미디어 계정을 운영 중이다. 그리고 이들 계정에 계속 동영상을 업데이트한다. 상당히 힘든 일정인데, 평소 부지런한 생활 습관이 도움이 된다. 버나트는 종종 새벽 5시에 일어나서 곧바로 비디오 제작을 시작한다. 하루에 12시간 정도 일하는데, 그의 가족이 모두 제작에 참여한다. 버나트는 "이 작업은 진짜 팀플레이"라고 설명했다. 실제로 버나트는 자신의 부모가 그의 가장 중요한 조력자라고 이야기한다. 계약뿐만 아니라 그에게 무언가가 필요할 때마다 도움을 주기 때문이다.

버나트의 동영상 대부분은 그의 집에서 촬영한다. 그래서 촬영을 위해 기존 차고에 완벽한 주방 시설을 설치했다. 고등학교 졸업 후에는 뉴욕 등에 제작 공간을 만들 계획이다.

참고로 버나트에게 가장 큰 영향을 준 인물은 요리사가 아니다. 버나트는 비즈니스 인사이더와의 인터뷰에서 메이크업 아티스트이자 유튜버인 제프리 스타Jeffree Star 가 자신의 롤 모델이라고 말했다. 버나트는 "나는 제프리를 진심으로 존경한다. 그는 소셜미디어를 시작하고 나서 수억 달러 가치의 비즈니스로 탈바꿈시켰다."고 언급했다. 소셜미디어 서비스가 확장되고 있지만, 버나트는 '푸드 네트워크' 등 방송사와의 협업을 다시 한번 꿈꾸고 있다. 다음에는 본인의 이름을 딴 시리즈를 만드는 것이 목표다.

취미였던 헌 옷 수선이 직업이 되다, 심포니 클라크

심포니 클라크Symphony Clarke가 첫 틱톡 포스트를 올린 시점은 2020년 3월이다. 후드티 한 장을 두 개의 옷으로 만드는 포스트였다. 집에 있는 옷으로 돈도 절약하고 패션도 완성하는 방법을 알려주는 내용이었다. 소재가 된 옷은 이른바 구제 쇼핑Thrift Shopping으로 구입한 옷이다.

무심코 올린 이 포스트가 그야말로 대박이 났다. 두 편으로 구성된 이 포스트는 무려 500만 뷰를 기록했다. 취미로 올린 포스트가 사업으로 바뀌는 순간이었다. 패션디자인, 구제 의류 등은 대중의 관심사인데, 이런 트렌드를 자극한 것이다. 간편하지만 패셔너블하게 리폼Reform한 점이 인기의 비결이다. 그녀가 올리는 콘텐트는 돈이 많지 않은 패셔니스타들의 욕구를 자극하며 매번 수십만 뷰 이상을 기록하고 있다. 다른 구제 의류 영상들과 달리 아주 간단하게 옷을 만드는 장면을 보여준다. 특히, 코로나바이러스 대유행으로 오프라인 구제 매장들이 거의 영업을 하지 못하면서 더 많은 이용객이 몰렸다. 게다가 그녀는 주머니가 가벼운 여성들이 접근 가능한 수준의 옷만 만든다.

클라크의 취미는 아웃렛 등에서 구제 옷을 구매하고 이를 수선해서 다른 옷으로 변신시키는 작업이다. 가끔 되팔기도 했다. 포스트가 대박을 친 뒤, 그녀는 계속해서 DIY 비디오, 구제 쇼핑 팁, 저렴한 옷 구매하기 등의 정보를 담은 비디오를 올렸다. 그리고 이제 이 분야 최고의 구루로 인정받고 있다.

클라크는 2021년 1월 기준으로 약 21만 명의 틱톡 팔로워를 보유하고 있다. 이제는 아예 본격적으로 사업을 하고 있는데, 미국의 유명 구제 의류 판매 앱인 포시마크Poshmark의 협찬을 유치했고, 세제업체의 광고도 붙었다.

클라크는 틱톡 비디오 하나당 350~600달러의 광고비를 받는다. 그녀는 2020년 12월에 비즈니스 인사이더와 가진 인터뷰에서 "틱톡에서 시작해 이제는 인스타그램에도 광고 포스트를 올리기 시작했다."고 말했다. 인스타그램 팔로워는 아직 초기 단계라서 2만6천 명 정도인데, 숫자가 빠르게 늘고 있다.

틱톡 사업이 뜨자, 그녀는 아예 창업에 나섰다. 풀타임으로 일하던 유통 업체 일을 그만두고 전업 틱톡 인플루언서로 전향했다. 마침 그녀가 일하던 쇼핑몰이 코로나바이러스로 인해 무급휴직을 단행한 상황이었다. 첫 포스트를 올린 뒤 10개월 만의 일이다.

온라인 구제 쇼핑몰https://www.shopthriftguru.com/을 열고 콘텐트 제작자로도 활동하고 있는데, 그녀의 수입 대부분이 이 온라인 쇼핑몰에서 발생한다. 틱톡에서 기업 협찬 매출도 급증하고 있다. 클라크는 온라인 스토어

알렉사 홀랜더의 유튜브 채널 영상

와 현지 매장 등을 통해 매주 200~250달러어치 중고 옷을 구매하고, 일주일에 3~4일 작업을 거쳐 판매할 옷으로 변신시킨다.

알렉사 홀랜더 Alexa Hollander 는 2014년 초에 유튜브 방송을 시작했다. 처음에는 구제 의류매장에서 좋은 옷 고르는 방법 등을 담은 영상을 제작했다. 가격 부담 때문에 매번 새 옷을 사기 힘든 패셔니스타들을 위한 콘텐트였는데, 이 영상이 자신의 직업이 되리라고는 상상하지 못했다. 홀랜더는 유튜브 채널에서 '알렉사 선샤인83 Alexa Sunshine83 '으로 더 유명하다. 그녀의 유튜브 채널은 구제 의류매장에서 좋은 옷 찾기, 구제 옷 패션 트렌드, 스타일링 등의 영상으로 가득 차 있다.

이제 홀랜더는 '나에게 맞는 구제 옷 thrift with me '을 추천해주는 유튜브 스타로 자리 잡았다. 최근 몇 년간 꾸준히 인기를 얻다가 코로나바이러스 대유행으로 대박이 났다.

'유튜브 트렌드'에 따르면 구제 옷에 대한 네티즌의 관심이 급증하고 있다. 시청자들이 구제 옷을 어떻게 사고 팔고 만드는지에 관한 영상을 많이 찾고 있다는 뜻이다. 2017~2019년 동안 영상을 찾는 횟수가 10배 정도 증가했다. 코로나바이러스로 인한 최근의 비이성적 상황을 제외하고도 말이다.

사업이 성공할 기미를 보이자 홀랜더는 2019년에 매니지먼트 계약을 맺었다. 이전 직업을 그만두고 전업 유튜브 크리에이터로 전향한 것이다. 홀랜더가 올리는 영상은 기존 구제 의류 영상들과 조금 다르다. 합리적인 가격의 구제 의류를 추천하지만 고급스러워 보인다. 특히, 유튜브의 특성상 구매 시작부터 착용까지 이어지는 영상은 신뢰감을 준다. 패션에 관심이 많은 연령층인 20~30대 여성들의 취향에 꼭 맞는 콘텐트가 많다. 오랫동안 입을 수 있는 옷sustainable fashion 등도 인기가 많다.

그녀는 다른 크리에이터와 달리 아직까지 광고로 주요 수익을 올리고 있다. 2021년 1월 현재 알렉사 홀랜더의 유튜브 구독자는 24만4,000명 수준이다. (같은 이름의 인스타그램도 운영한다) 미국 현지 보도에 따르면 구글 광고 등으로 매달 3,000~6,000달러의 수익을 올린다. 2020년 하반기, 코로나바이러스가 최고로 기승을 부릴 때는 평균 광고 수익이 6,000달러 이상으로 증가하기도 했다.

비즈니스 인사이더에 따르면 유튜브 크리에이터가 구글 애드센스Adsense로 광고 수익을 올리기 위해서는 1,000명 이상의 구독자와 4,000시간 이상의 평균 시청 시간을 유지해야 한다. 2018년부터 유튜브의 수익 배분 정책이 바뀐 탓이다. 여기에 동영상 길이, 시청 시간, 형태(숏폼, 롱폼), 구독자 연령 분포 등이 수익에 영향을 미친다.

심포니나 홀랜더의 사례에서 봤을 때 얻을 수 있는 교훈은 하나다. 유튜브의 구독자 수를 유지하고 이를 수익으로까지 연결시키기 위해서는 '자신이 잘 할 수 있는 것'과 '수익을 위해 잘 해야 하는 것' 사이의 조화가 필요하다는 점이다. 자신이 잘할 수 있는 아이템으로 일정 수준의 구독자를 유지하는 등 비즈니스를 위한 토대를 만들어야 한다. 새로운 인플루언서가 되기 위해서는 준비해야 할 것이 많다. 그리고 그 준비의 대부분은 노력과 매력을 결합하는 데 쓰여야 한다.

틱톡 스타가 된 아버지와 아들, 맥팔랜드 가족

미국에는 10대 아이들과 소통하기 위한 수단으로 틱톡을 사용하는 아버지들이 많다. 틱톡은 알다시피 미국 10대들의 주요 소통 수단이다. 아이들과 소통하겠다는 이유로 시작한 틱톡에서 큰 성공을 거둔 이들도 있다. 취미가 업으로 이어지는 이른바 '덕업일치'를 이룬 이들이다.

이런 주제의 틱톡 운영자 중 한 명인 댄 맥팔랜드Dan McFarland는 2021년에 60살이다. 그의 트위터 팔로워는 200만 명 이상이다. 댄이 올리는 영상은 어쩌면 단순하다. 가끔 춤을 추는 영상을 올리기도 하고 아들들과 함께 시간을 보내는 영상도 올린다. 맥팔랜드 가족의 일상을 기록한 짧은 영상이지만 흡인력은 상당하다. 댄의 틱톡이 성공을 거둔 비결은 무엇일까? 그들의 비디오는 가족이 혼연일체 된 드라마다. 이들은 생활 속에서 최대한 코믹한 연기를 끌어낸다.

맥팔랜드의 셋째 아들은 비즈니스 인사이더와의 인터뷰에서 "우리는 아버지와 함께 만드는 비디오가 좋은 작품이 될 거라고 확신했다."고 말했다. 싱거운 반응이지만 여기서 우리가 알아야 할 사실이 있다. 일상의 기록이지만 정말 재미있게 만든다는 점이다.

맥팔랜드 가족은 켄터키 루이스빌에 산다. 그들은 2019년 1월에 우스꽝스러운 장면들을 담은 틱톡을 시작했다. 그들의 틱톡에는 모든 가족이 총출동한다. 아버지뿐만 아니라 그의 아들 콜린과 딜런도 틱톡 스타다. 맥팔랜드 가족이 올린 콘텐트 중 가장 유명한 비디오는 주말에 함께 노래 부르며 즐기는 모습을 담은 'Blinding Lights'다. 2020년 3월에 게재된 이 인상적인 비디오는 1,500만 뷰 이상을 기록했다. 이 비디오에서는 틱톡으로 'Blinding Lights' 춤 영상을 보고 있던 아버지를 두 아들이 자극한다. "아버지 그거 할 수 있겠어요?_{Can you do that? People needs you.}" 장면이 바뀌고 두 아들과 60대 아버지가 군무를 추는 영상이 나오는데, 이 장면이 사람들을 빠져들게 했다.

결국, 이 콘텐트는 TV 병원 광고에 사용되며 추가 수익까지 올렸다. 이런 인기 덕분에 맥팔랜드 가족의 틱톡 계정은 2020년 '틱톡 상위 100'에 선정되기도 했다. 그뿐만 아니라 이 비디오는 미국 유명 지상파 아침 뉴스 프로그램인 〈Good Morning America〉에서 2020년을 빛낸 틱톡 클립 중 하나로 뽑히기도 했다.

점차 구독자가 늘자, 가족들은 모험을 감행했다. 생업을 접고 틱톡 비디오에 몰두하기로 한 것이다. 결국, 가족의 취미 생활이 가업이 됐다. 두 아들과 아버지는 함께 비디오 제작 아이디어, 브랜드 파트너십, 향후 사업 방향을 상의하고 협의한다.

가족 사업이 된 만큼 분업도 하고 있다. 막내 콜린은 콘텐트를 편집하

고 제작한다. 둘째 딜런은 사업과 마케팅을 맡았다. 딜런은 사업을 확장하기 위해 회사McFarland LLC도 설립했다. 어머니 캐시와 첫째 미치는 많은 에피소드에 카메오로 출연한다.

딜런은 한 언론과의 인터뷰에서 "우리 가족의 작업은 작은 하이프 하우스Hype House와 같다."고 말하기도 했다. 하이프 하우스는 틱톡 인플루언서들이 모여서 협업하는 공동 작업 시설Colab House, 코랩하우스 중 LA지역에서 가장 유명한 곳이다. 틱톡 인플루언서들은 코랩하우스라 불리는 공동 작업시설에 모여서 함께 작업을 하는데, 게임도 하고 서로 연애도 하며 팀 콘텐트를 만든다.

틱톡에서도 맥팔랜드 가족을 주요 콘텐트 크리에이터로 인식하고 있다. 2020년 1월 맥팔랜드 가족은 틱톡의 앰버서더 프로그램ambassador program에 선정됐다. 일종의 슈퍼 크리에이터 지원 프로그램이다. 앰버서더에 뽑히면 틱톡이 비용을 지원하는 여행에 참여할 수 있고 각종 브랜드와 연계해 협찬을 받을 수도 있다. 2020년 2월, 이 가족은 플로리다 올랜도에서 개최된 플레이리스트 라이브Playlist Live 에도 다녀왔다. 매년 유튜브 스타들이 모이는 행사인데, 2020년에는 틱톡 스타들도 행사에 참여했다. 틱톡을 시작한 지 1년 만에 찾아온 엄청난 인기다. 맥팔랜드 가족은 그곳에서 그들의 사업을 관리하는 매니저 나탈리 아나스타샤Natalie Anastasia 를 만났다. 그녀는 가족과 매니지먼트 계약을 했는데, 계약 당시 팔로워 수는 약 60만 명이었다.

다섯 명의 맥팔랜드 가족은 소셜미디어를 위해 풀타임full time 으로 일한다. 그들의 궁극적 목표는 전통적인 TV쇼에 출연하고 넷플릭스에도 프로그램을 공급하는 이른바 풀타임 크리에이터가 되는 것이다. 맥팔랜드 가족은 비즈니스 인사이더와의 인터뷰에서 그들의 수익 기반 등을 상세하게 공개했다. 어떻게 틱톡 광고를 유치하고 콘텐트에서 자연스럽게 노출하는지, 광고 단가는 얼마인지 등에 대해서도 이야기했다.

맥팔랜드의 틱톡 비디오 콘텐트에는 가격이 정해져 있다. 인플루언서 기획 마케팅 매니지먼트 회사인 글림 퓨처스Gleam Futures 에 따르면 맥팔랜드 가족 비디오에 브랜드나 제품을 홍보하기 위해서는 5,000~8,000달러가 필요하다. 홍보 방식은 코믹하다. 가족들이 물건을 직접 들고나와 홍보하기도 하고 갑자기 발견한 것처럼 호들갑을 떨기도 한다.

같은 영상을 인스타그램에도 올릴 경우, 3,000~6,000달러의 추가 비용이 붙는다. 물론 이는 최고가이며 그들의 매니저는 기업과 가격 및 사용권usage rights 등에 관한 구체적인 법적 절차를 협상한다.

맥팔랜드 가족이 처음 틱톡 비디오를 만들기 시작할 때만 해도, 이 사업이 최우선 순위는 아니었다. 인기가 점점 올라갔지만 어떻게 스폰서십_{Sponsorship}을 붙이는지, 즉 광고나 후원을 어떻게 요청하는지 몰랐다. 그 당시에 대해 딜런은 이렇게 언급했다.

"수익을 찾아다녔지만, 처음에는 고전했다. 이 비디오의 가치가 얼마나 되는지, 기업 홍보에 우리가 얼마나 도움이 되는지 알지 못했다."고 회상했다. 지역 뉴스에서 화제가 됐고 클릭 수도 늘었지만, 광고 매출 이외에는 별도의 추가 수익이 없었다. 향후 다른 비즈니스로 확장할 수 있는 플랫폼 전략이나 루트도 막막했다. 그러나 이 고민은 전담 매니저를 만나면서 해결됐다. 딜런은 "매니저와 일하면서 정확한 시장 위치를 알게 됐다."고 설명했다. 한국에도 이런 매니지먼트 회사들이 존재하지만 아직은 초기 단계다. 그래서 맥팔랜드 가족처럼 브랜드 매니저가 찾아오는 경우가 드물다. 따라서 시행착오를 줄이기 위해서는 기존 성공한 인플루언서들의 영상과 스폰서십을 찾아보는 수고가 필수다.

제작은 한 번에 이루어진다. 한 시간 정도 촬영한 뒤 2~3시간을 들여 편집한다. 요즘은 영상을 보는 사람들이 숏폼에 익숙하기 때문에, 촬영하고 편집하는 데 시간을 너무 많이 들이지 않아도 된다. 콜린은 "비디오를 편집하는 시간만 일주일에 10~12시간 걸린다."고 말했다. 물론 제작 시에는 스폰서를 가장 크게 염두에 둔다. 제작 이전에 스폰서를 미리 확보하거나 아니면 최소한 스폰서를 유도할 만한 영상을 만든다.

재미있는 일화도 있다. 맥팔랜드 가족의 초기 틱톡 파트너 중 하나였던 플렉스씰_{Flex Seal}에 관한 일화다. 2020년 초 맥팔랜드 가족은 홈인테리어 물품과 사무용 집기류를 판매하는 '홈 디포_{Home Depot}'에서 비디오를 찍었다. 그곳에서 댄은 플렉스씰 두 통을 들고 이 브랜드의 간판 인물인 필 스위트_{Phil Swift}로 변신하는 장면을 연출했다. 그런데 그 영상이 대박을

쳤다. 코미디언이자 이 브랜드의 공동 CEO인 필 스위트는 플렉스씰 TV 광고에 자주 등장해 미국인들에게 매우 익숙하다.

이 영상을 본 플렉스씰 측은 맥팔랜드 가족에게 직접 연락해 비디오가 마음에 든다며 함께 더 많은 작업을 하자고 제안했다. 장난으로 찍은 비디오가 수익으로 바뀐 것이다. 결국 플렉스씰과 맥팔랜드 가족은 연간 협찬 계약을 맺었다. 몇 개월 뒤 맥팔랜드 가족은 더 많은 브랜드들과 계약을 맺고 다른 숏폼 콘텐트를 지속해서 게재하고 있다. 이제 더 많은 회사들이 맥팔랜드 가족과 일하고 싶어 한다.

맥팔랜드의 성공 비결은 '웃길 줄 아는 가족'을 잘 묶어낸 연출력이다. 모든 가족 구성원이 공감 가는 일상을 시의적절하게 공유한 것도 큰 호응의 원인이다. 코로나바이러스 대유행 이후 사람들을 만나기 어려워지면서 이 같은 '생활 밀착형 인플루언서'들의 인기가 높아지고 있다. 가족도 뭉치면 돈이 된다. 뭉쳐야 뜬다. 우리나라에서도 통할 만한 소재가 아닐까 싶다. 과거에 인기를 끌었던 〈한지붕 세가족〉을 연출해봐도 되지 않을까? 물론 그 내용은 유익하거나 재미있어야 한다. 그리고 꾸준해야 한다. 코믹한 영상 한 개만으로 영속적인 플랫폼을 만들기는 어렵다.

군대 이야기로 100만 뷰를 달성하다, 오스틴 알렉산더

유튜브 인플루언서가 되기 위해서는 독특하고 재미있는 비디오를 지속적으로 올릴 수 있어야 한다. 이는 미국에서나 한국에서나 마찬가지다. 이런 점에서 '쉽게 경험할 수 없지만 모두 공감하는' 콘텐트는 구독자를 끌어모으기에 안성맞춤이다. 여기에 적합한 소재가 있는데, 바로 군대다.

한국은 모든 남성이 군대에 가야 한다는 점과 모든 여성이 군대 이야기를 들을 수밖에 없다는 점 때문에 군대 관련 영상 콘텐트가 넘쳐난다. 미국은 꼭 그렇지는 않지만, 군수 산업 세계 1위이자, 세계 최강 대국을 떠받치는 큰 축이라는 점 때문에 한국과 비슷하게 인기가 많다.

여기 유튜브에서 군대 콘텐트로 월평균 광고 수입 6,000달러를 벌어들이고, 53만 명 가까운 구독자를 가진 유튜버를 소개한다. 구독자 기준으로는 그렇게 많지 않지만, 그가 자신의 장점을 어떻게 활용해서 수익

오스틴 알렉산더의 유튜브 채널 영상

을 창출하는지 보는 것은 의미가 있다.

오스틴 알렉산더Austen Alexander는 현직 해군으로 복무하면서 유튜버로 활동하고 있다. 그가 유튜브에 올리는 군대 관련 영상과 개인 생활 등은 평균 100만 뷰를 기록하고 있다. 어찌 보면 한국에서 큰 인기를 누린 〈가짜 사나이〉와 유사하지만, 현직 군인이라는 점과 체력 훈련 장면 등 개인이 따라 할 수 있을 만한 비디오를 올린다는 점에서 다소 다르다. 알렉산더는 2016년에 처음 유튜브 채널을 개설했다. 그는 '해군 훈련소의 하루 일상A Day in the Life of an Enlisted US Sailor'이나 '해군 체력훈련에서 벌어진 일Ms. Bikini Olympia Attempts the US Navy Physical Test' 등을 비디오로 찍어 게재한다.

그가 처음부터 유튜브로 수익을 많이 올렸던 것은 아니다. 1,000뷰당 광고 비용이 얼마인지를 보는 수치인 CPM. 알렉산더의 첫 CPM은 3달러 수준이었다. 그러나 2020년 12월 현재 알렉산더의 CPM은 7.70달러에서 9.50달러로 최고 수준이다.

알렉산더가 비교적 빠르게 성공할 수 있던 비결은 바로 '콘텐트의 친근함'과 '독특함'에 있다. 물론 군대라는 특수성도 존재했다. 이와 함께 그는 훈련 장면에서 특정 브랜드를 노출하는 등 광고 친화적 비디오를 올렸다. '군대에서 사용하는 4대 기구' 등이 대표적이다. 광고주 입장에서는 군대 시장이 매우 큰 만큼 해당 콘텐트에 광고를 하게 된다.

정기적으로 게재하는 콘텐트도 자극적이지는 않다. 대신 크로스핏Crossfit 체력훈련 방법 등 실제로 활용할 수 있을 만한 영상을 올린다. 촬영도 실제 군대 내 운동장에서 촬영해 현실감을 더한다. 결론적으로 말해 알렉산더의 유튜브는 군인을 소재로 하지만, 군대의 장점이나 단점을 소개하는 영상은 아니다. 오히려 이를 배경으로 현실에 필요한 다양한 운동법이나 운동기구를 알려준다. 잡학 영상인 셈이다. 직업과 제목에서 예상되는 뻔한 방식으로 사람들을 유인하고, 유입된 사람들에게 다양한 즐거움과 정보를 준다.

한국에도 유사한 콘텐트가 많지만, 알렉산더처럼 매번 군복을 입고 등장해서 다채로운 정보를 제공하는 유튜버는 많지 않다. 코로나바이러스로 모든 것이 바뀐 지금, 군대라는 콘텐트는 매우 매력적이다. TV에서 심심치 않게 군대 체험 콘텐트가 나오는 것만 봐도 소구력이 충분해 보인다. 최근에 방송된 TVN의 〈나는 살아있다〉도 군대 체험이었는데, 이 경우에는 자신의 한계를 극복하는 모습에 사람들이 열광했다. 자신만의 독특한 경험이 있거나 남다른 다른 배경이 있다면 알렉산더를 유심히 살펴볼 필요가 있다.

influencer

게임의 방식을 혁신하라,
세라 쿠퍼

코로나바이러스 대유행 이후 미국에서 벼락스타가 된 코미디언이 있다. 바로 세라 쿠퍼 Sarah Cooper 다. 그녀는 코로나바이러스와 관련한 트럼프 대통령의 발언을 익살스러운 표정과 함께 립싱크한 영상을 틱톡에 올리면서 큰 인기를 얻었다. 트럼프의 실제 목소리에 자신의 제스처를 입힌 40초 내외의 비디오는 10대들에게 반향이 컸다. 현재 그녀의 트위터는 전 세계에서 240만 명이 넘는 사람이 팔로우하고 있다.

그녀가 제작하는 동영상의 형식은 단순하다. 그냥 노래를 립싱크하듯, 트럼프의 목소리에 자신의 화면을 붙인다. 그러나 보고 있으면 웃음이 터진다. 진짜 트럼프를 보는 것 같기 때문이다. 그녀는 트럼프의 연설 습관을 완벽히 파악한 것으로 보인다. 인터넷 유저들은 그녀의 창의성에 큰 찬사를 보내고 있다.

특히, 2020년에 올린 그녀의 영상은 사회 이슈와 함께 맞물리면서 입소문이 빨리 퍼졌다. 트럼프가 "중국 바이러스(코로나바이러스에 대해 트럼프가 부르는 방식)가 별문제 아니고, 치료제로 표백제를 주입하는 것을 고려해야 한다."는 내용의 기자 간담회를 했는데, 그걸 흉내 낸 영상이 대박이 났다. 쿠퍼가 올린 영상들은 틱톡, 유튜브 등 소셜미디어 서비스를 흔들었을 뿐 아니라 글로벌 1위 스트리밍 서비스인 넷플릭스에도 진출했다. 과거로 치면 지역 방송에서 성공해 전국 지상파 방송으로 진출하는 루트다.

넷플릭스에서 제작한 〈세라 쿠퍼: 아주 좋아 Sarah Cooper: Everything's Fine〉는 코로나바이러스 대유행으로 인해 침울해진 사회 분위기를 경쾌하고 코믹한 연기로 승화시킨 프로그램이다. 세라 쿠퍼가 아침 뉴스 앵커로 나와 사회의 다양한 현실을 풍자하는 이 프로그램에도 트럼프의 모습이 풍자된다. 세라는 트럼프가 소유한 플로리다의 마라라고 골프장에서 대통령과 인터뷰하는 장면을 연출한다. 당연히 진짜 대통령은 아니고 그녀가 대통령의 목소리를 흉내 내는 장면이 나온다.

쿠퍼의 성공 비결은 바로 '게임 체인저 Game Changer' 전략이다. 기존에 있던 전통적 포맷이 아닌 새로운 형식의 콘텐트로 시장을 개척했다. 미

세라 쿠퍼의 틱톡

국 언론들은 그녀의 이런 립싱크 영상들을 '온라인 비디오 립싱크 임프 레션 online video lip-sync impressions'이라고 부른다. 독특한 포맷으로 만들어진 쿠 퍼의 영상은 중독성이 매우 강하다. 그리고 이 분야에서는 그녀가 최고 강자다.

미국 언론들도 그녀에게 주목하고 있다. 'LA타임스가 뽑은 올해 10대 TV 드라마'로 꼽히기도 했다. 뒤이어 '유튜브가 꼽은 주요 콘텐트'에도 선정됐다. 2020년 이전까지 쿠퍼는 주로 직장 유머로 명성을 얻었다. 직장 생활과 관련한 다양한 책도 썼다. 《미팅에서 똑똑해 보이는 100가 지 요령 100 Tricks to Appear Smart in Meetings》, 《남성들의 감정을 해치지 않고 성공 하는 방법 How to Be Successful Without Hurting Men's Feelings》 등을 출간했는데 반응이 신통치 않았다.

그러던 중 2020년 4월 트럼프 미 대통령의 기자 회견 립싱크 영상을 무심코 올렸는데, 그게 온라인에서 대박을 쳤다. (앞서 언급한 표백제 영상 이 이렇게 탄생했다) 이 비디오는 인스타그램, 트위터, 유튜브 등에서 급 속도로 번져갔다. 당시 트위터에서 이 비디오를 본 사람만 200만 명 이 상이었다.

이후 그녀는 전공을 립싱크로 바꿨다. 다양한 립싱크 변종 영상을 만 들어냈다. 스스로 새로운 장르를 구축한 것이다. 'How to Mask', 'How to Immigration Policy' 등의 인기 영상이 이때 탄생했다. 그녀는 얼굴 표정으로 트럼프의 무질서를 강조하고 정치를 풍자한다. 그녀의 비디오 들은 시청자들을 정치에 더 가깝게 만든다. 정치에 대한 풍자로 정치를 좀 더 이해하기 쉽게 만들어주기 때문이다. 무엇보다 매력적인 점은 트 럼프가 퇴임해도 그녀의 포맷은 남는다는 점이다. 그녀는 지금도 립싱

크할 새로운 대상을 찾고 있다. 그림과 내용이 립싱크하기에 딱 어울리는 그런 인물 말이다.

한편, CBS도 세라 쿠퍼와 손잡고 그녀의 책《남성들의 감정을 해치지 않고 성공하는 방법》을 주제로 한 드라마 시리즈를 만들기로 했다. 이 드라마는 남성 우월주의 사회에서 다른 배경을 가진 세 명의 여성이 겪는 이야기가 주요 줄거리다.

팔로워 10만 명의 유튜버는
어떻게 돈을 벌까

유튜브 시장에서 100만 명은 일종의 기준점으로 여겨진다. 고수익을 위한 마지노선이다. 그런 이유로 미국에서도 100만 명 이상의 팔로워를 가진 유튜버들이 어떻게 돈을 버는지에 대해 관심이 많다. 특히, 각각의 유튜브 광고 가격이 얼마인지에 궁금증이 집중된다.

경제 전문지 비즈니스 인사이더에 따르면 인플루언서가 올리는 포스트에 대한 광고 가격은 다양한 요소에 의해 결정된다. 이에 어떤 유튜버들이 돈을 벌고 또 어떻게 수익을 올리는지에 대해 관심이 집중되고 있다. 최근 인스타그램, 틱톡, 스냅챗 등이 뜨고 있지만, 유튜브가 인플루언서를 만드는 원천임에 틀림없기 때문이다.

요즘 유튜브 인플루언서들이 벌어들이는 수익은 광고보다 협찬에서 더 많이 발생한다. 유명 유튜브 스타 데이비드 도브릭 David Dobrik 은 미국 언론과의 인터뷰에서 유튜브로부터 한 달에 겨우 2,000달러 정도를 받는다고 털어놓았다. 구글의 광고 프로그램인 애드센스로 벌어들이는 수익이다. 이 결과는 무척 충격적인데, 도브릭의 팔로워가 1,800만 명이 넘기 때문이다. (저작권이 있는 음악의 사용과 위험하고 폭력적인 영상이 문제가 된 것으로 보인다) 그는 수익 대부분을 애드센스 광고가 아니라 협찬 등으로 올린다. 그를 비롯해 100만 명 이상의 팔로워를 가진 유튜버들 대부분은 다양한 수익원을 보유하고 있다.

그럼 여기서 구독자 10만 명 이상을 가진 유튜버의 수익을 분석해 본다. 지금까지 100만 명 이상의 팔로워를 가진 인플루언서를 언급했지만, 1,000명, 그리고 1만 명, 그다음 10만 명 달성이 매우 중요하다.

세미드Semide는 유튜브에서 15만 명 이상의 구독자를 보유한 자율감각쾌락반응ASMR, Autonomous Sensory Meridian Response 전문 크리에이터다. ASMR은 백색 소음 등 인간의 마음을 평안하게 하는 소리를 모은 콘텐트다. 그녀는 자신의 개인 정보를 보호하기 위해 실명을 쓰지 않고 세미드코코SemideCoco라는 가명을 사용한다.

세미드가 올린 영성들은 기본직으로 인기가 많다. 대부분 수십만 뷰를 기록했고, 몇몇은 100만 뷰를 넘겼다. 이 비디오 클립들은 광고 매출로 이어져 2,500~4,000달러의 수입으로 연결된다. 그중 인기가 높은 클립들은 110만 뷰 이상을 기록했는데, 현지 언론의 보도에 따르면 이들 콘텐트는 3,500달러가량의 수익을 올린 것으로 조사됐다. ASMR 크리에이터들은 콘텐트 특성상 광고를 중간에 넣지 않고 시작 때만 붙인다. 세미드는 "명상 콘텐트의 경우 수면 유도 등을 위해 이용되는데, 사람들이 이 콘텐트를 이용하는 동안 방해받기 싫어하기 때문에 중간에 광고를 붙이기 힘들다."고 설명했다. 그러나 ASMR 콘텐트는 몰입도가 높다. 시청 시간도 길고 반복 시청도 많다.

2020년의 경우, 코로나바이러스 인한 외로움과 피로감 때문에 ASMR 콘텐트의 수요가 높았다. 일부 시청자들에게 ASMR의 이점은 스트레스에 대한 치료제 이상이다. 그래서 최근 유튜브 크리에이터 시장에서 ASMR 콘텐트에 대한 인기가 높아지고 있다. 이용자들은 숙면을 위해 이 콘텐트를 이용하기도 한다.

인플루언서 마케팅 플랫폼 이지아Izea 는 2020년 유튜브를 달군 10대 콘텐트 중 하나로 ASMR을 꼽았다. 10대 인기 콘텐트는 게임, 뮤직비디오, 라이브TV, 요가 등이다. 세미드는 캐나다 토론토에 거주하는 대학생이다. 자연병리학을 전공하는 학생인 그녀는 2019년 10월부터 ASMR 콘텐트를 올리기 시작했다. 처음에는 시력검사 등 의학 관련 비디오로 유튜브를 시작했다. 그러다가 여동생, 사촌 동생과 함께 무심코 ASMR 비디오를 만들었는데, 그게 대박이 났다. 그래서 아예 그쪽으로 포커스를 맞췄다. 그녀는 마사지와 지압, 명상 등 시청자들에게 큰 호응을 받는 콘텐트를 확인했다.

지난 2020년 2월 기준으로 세미드의 유튜브 채널 구독자는 10만 명 수준이었다. 그러나 이후 가입자 수가 빠르게 늘었다. 그즈음 코로나바이러스가 확산되면서 힐링 콘텐트를 찾는 구독자들이 그녀의 유튜브로 몰려들었기 때문이다. 2020년 8월, 세미드의 유튜브 구독자는 15만 명을 넘어섰다. 구독자 증가와 함께 그녀가 올리는 콘텐트에 대한 호응도 커졌다. 코로나바이러스 대유행으로 인해 실내에서 생활하는 시간이 급증했기 때문이다.

구독자가 늘자 그녀가 유튜브 사이트 운영에 투입하는 시간도 늘었

다. 파트타임으로 시작했던 유튜브 운영이 이제 본업이 됐다. 그녀의 의대 등록금을 부담할 수 있을 정도로 사이트 수익이 늘었다. 그녀는 언론과의 인터뷰에서 일주일에 15시간을 유튜브 채널을 운영하는 데 투입하고 있다고 언급했다. 일이 커지자 유튜브 채널 운영을 위해 그녀의 엄마가 편집자로 참여했고, 동생도 몇몇 콘텐츠를 만드는 기획자로 합류했다. 가족 사업이 된 것이다.

현재 세미드는 유튜브 수입의 대부분을 애드센스 광고로 올리고 있다. 동영상에 붙는 광고 수익을 구글과 나누는 파트너 프로그램이다. 이 프로그램을 적용받기 위해서는 최소 1,000명의 구독자와 동영상 시청 4,000시간이 필요하다. 비즈니스 인사이더에 따르면 그녀가 게재하는 영상의 경우, 1회 시청당 3.15달러의 수익이 발생하는 것으로 보인다.

ASMR 콘텐츠를 만드는 크리에이터들의 수익은 주로 광고에서 발생한다. 그러나 광고를 붙이는 형태가 조금 다르다. 유튜브 크리에이터들은 통상 그들이 게재하는 콘텐트의 처음과 끝 그리고 중간에 광고를 붙인다. 그러나 몰입도가 필요한 ASMR 콘텐트는 광고 게재가 제한적이다. 그래서 수익화도 조심스럽다. 수면 유도 영상 중간에 광고가 나오는 걸 좋아하는 사람은 아무도 없다. 그래서 대부분은 처음에만 광고를 붙이고 중간과 마지막에는 광고를 게재하지 않는다.

중간이나 마지막 광고가 없지만, ASMR 콘텐트는 몰입도가 높기 때문에 마냥 손해는 아니라는 것이 업계의 정설이다. 세미드는 "구독자들은 자신이 좋아하는 ASMR 콘텐트를 계속 돌려본다. 그들이 비디오를 돌려볼수록 (광고를 많이 보기 때문에) 수익도 많아진다."고 설명했다. ASMR 콘텐트의 평균 길이는 30~90분 사이다.

구독자 수는 15만 명 정도지만, 그녀가 올린 비디오 중 100만 뷰가 넘는 콘텐트가 2개 이상일 만큼 반응은 뜨겁다. 세미드가 만든 가장 유명한 비디오 중 하나는 사촌 동생 이디야Ediya의 두피검사를 하는 영상이다. 이 비디오에서 세미드는 이디야의 두피를 체크하고 마사지한다. 2021년 1월 현재 이 영상은 110만 뷰 이상을 기록했고, 3,470달러의 광고 매출을 기록한 것으로 추산된다. 참고로 그녀의 사촌 동생 역시 ASMR 크리에이터다.

한편, 광고 매출이 아닌 ASMR 콘텐트 자체로 수익을 올리는 방식도 있다. 그 첫 번째가 페이팔Paypal을 통한 기부다. 구독자들에게 후원 형식의 기부를 받는 것이다. 세미드도 동영상에 기부를 위한 페이팔 링크를 포함시켰다. 기부라고 해서 거창한 건 아니다. 자신에게 도움이 되는 콘텐트를 만들어주는 대가로 가볍게 자발적으로 지불하는 돈이다. 일종의 후원 모델인 셈이다.

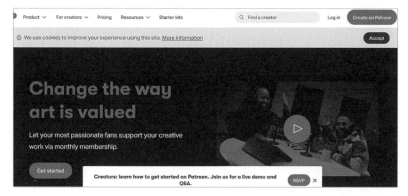

후원 모델을 시스템화한 패트리온Patreon이라는 서비스도 있다. 패트리온은 크라우드 펀딩 방식을 이용한 구독형 크리에이터 후원 플랫폼subscription service이다. 크리에이터들은 매달 이 플랫폼을 거쳐 팬들에게 정기 후원을 받고 특별 혜택을 제공한다. 중세 시대 예술가들을 후원했던 후견인과 비슷한 콘셉트다. 크리에이터는 후원자들을 위한 독점 콘텐트를 생산 공급한다. 이 방식을 채택한 세미드도 구독자 10만 명을 넘어선 이후부터 후원자를 위한 별도의 독점 콘텐트를 올리기 시작했다. 참고로 패트리온은 이런 시스템을 구축해주는 대신에 일정 수준의 수수료를 받고 있다.

패트리온에 따르면 2020년 12월 현재 세미드에게 218명의 후원자가 있고, 이들에게 월 654달러 정도의 후원금을 받고 있다. 그녀는 이 후원금을 촬영 장비 등을 업그레이드하는 데 사용하고 있다고 밝혔다.

이와 함께 기업 협찬 수익도 있다. 게재하는 동영상에 특정 브랜드 제품을 포함하거나 PPL을 포함하고 비용을 받는 방식이다. 세미드의 경우

주로 명상용품이나 화장품 업체의 협찬을 받는다. 기업 협찬은 동영상 광고에 비해 확장성이 큰 영역이다. 세미드는 협찬 기업과 함께 명상용품 등을 개발 중이다.

또 소리도 돈이 된다. ASMR 오디오 트랙을 스포티파이Spotify 나 애플 뮤직Apple Music 등 스트리밍 서비스에 제공해 얻는 수익도 있다. 세미드는 리포스트 네트워크Repost Network 라는 플랫폼을 이용하고 있는데, 동영상으로부터 음원을 추출하고 이를 서비스해 크리에이터와 수익을 공유하는 서비스다. 통상 이 수익의 80%는 창작자에게 돌아가는 것으로 알려져 있다.

인스타그램,
인기 크리에이터의 비결을 공개하다

최근 소셜미디어 서비스 시장 경쟁이 치열해지자 인기 인플루언서, 크리에이터를 향한 구애가 뜨겁다. 적게는 수천 명, 많게는 수백만 명의 팔로워를 끌고 다니는 인플루언서들은 소셜미디어 입장에서 사업에 꼭 필요한 인재들이나. 이들이 올리는 콘텐트가 플랫폼을 풍성하게 만들고, 많은 사람을 몰고 다니기 때문이다. 인플루언서와 플랫폼이 윈-윈하는 방식인 셈이다.

유명 인플루언서가 되는 방법은 여러 가지다. 정치인, 연예인, 운동선수 등 원래 유명한 사람들, 화제의 콘텐트로 스스로 인플루언서가 되는 사람들, 기획사나 매니지먼트를 통해 발굴되는 크리에이터 등이 대표적이다.

최근에는 '유명 인플루언서가 되는 법'에 한 가지가 더 추가됐다. 바로 '인스타그램의 비밀과외'다. 비즈니스 인사이더에 따르면 인스타그램이

2020년 말부터 몇몇 크리에이터를 대상으로 개인 레슨을 시작했다고 한다. 인스타그램의 구동 알고리즘을 알려주고, 구독자를 많이 확보하기 위해 얼마나 자주 많이 포스팅을 올려야 하는지, 열독률과 몰입도를 높이기 위해 어떤 타입의 콘텐트를 제작해야 하는지 등 아주 세세한 정보들을 제공한다. 물론 모든 크리에이터에게 이런 기회가 주어지는 것은 아니다. 일정 수준의 구독자나 팔로워가 있어야 하고, 콘텐트의 독특함 등 성장 가능성도 있어야 한다. 비밀과외를 받을 대상과 기준은 인스타그램이 정한다.

비즈니스 인사이더는 인스타그램의 비밀과외 대상 크리에이터 중 일부를 인터뷰하고, '유명 인플루언서 되기' 과외 내용을 공개했다. 인터뷰한 사람들은 인스타그램으로부터 직접 연락을 받았거나 회사에서 제공한 워크숍에 참석한 이들이다.

이들이 말한 공통된 성공 비법은 두 가지다. 다수의 콘텐트 올리기, 모든 타입의 콘텐트 게시하기. 현재 인스타그램은 텍스트나 사진, 영상 등의 콘텐트를 피드feed, 스토리Story, 릴스Reels, IGTV 등 다양한 방법으로 자신의 계정에 올릴 수 있게 한다. 최근에는 10~20초 정도의 숏폼 동영상 포스팅이 대세이긴 하다. 또 인스타그램은 '어떻게 해야 인플루언서로 성공할 수 있는지', '가입자 증가 알고리즘은 어떻게 구성되어 있는지'에 관한 간략 정보도 제공했다고 한다. 하지만 이 정보들이 외부에 공식적으로 공개되지는 않았다.

비즈니스 인사이더는 3명의 인스타그램 크리에이터와 인터뷰를 했다. 그 첫 번째는 예술가이자 개인 사업을 하는 레이첼 레이첸바흐Rachel Reichenbach다. 레이첼은 2020년 11월에 인스타그램으로부터 숏폼 소셜미디어 플랫폼 릴스의 사용법을 교육받았다. 그녀는 비즈니스 인사이더와의 인터뷰에서 "인스타그램과의 인터뷰 자리에 질문을 준비해 갔다. 왜 열독률이 떨어지는지에 대해 질문했다."고 밝혔다. 2021년 1월 현재 레이첸바흐의 팔로워 수는 74,000명 수준이다.

인스타그램의 전문가가 내놓은 답은 이랬다. "플랫폼의 알고리즘은 크리에이터가 어떤 형식의 콘텐츠를 올리는지, 얼마나 자주 올리는지에 따라 다른 보상을 하도록 설계되어 있다."는 것이다. 그래서 인스타그램은 그녀가 얼마나 많이 포스트를 올려야 하는지 예시를 들어줬다.

인스타그램이 추천한 포스트 개수 (출처:비즈니스 인사이더)

인 피드(In Feed) 포스트	일주일에 3개(릴스와 IGTV 포스트 포함)
스토리(Story)	일주일에 8~10개(하루에 최소 2개)
릴스(Reels)	일주일에 4~7개
IGTV	일주일에 1~3개(라이브 방송 포함)

인스타그램이 레이첸바흐에게 필요하다고 추천한 개수는 실행하기에 만만치 않은 숫자다. 그녀 역시 이 정도 숫자는 가능하지 않은 수준이라고 답했다고 한다. 그녀만 이런 생각을 한 건 아니었다. 마이크로 인플루언서이자 콘텐트 코치인 리세트 칼베이로Lissette Calveiro도 인스타그램으로부터 포스트를 올리는 빈도와 개수에 대해 교육을 받았는데, 비슷한 수치를 추천받았다고 밝혔다.

2020년 10월, 인스타그램은 '히스패닉과 라틴계 월간 프로그램Hispanic and Latinx Heritage Month programming'에 칼베이로를 초청했다. 칼베이로는 "프레젠테이션 중 인스타그램 포스팅 방법에 대해 조언해주는 내용이 있었다.

좋은 이야기들이었는데 실제로 실천하기는 어려워 보였다."고 답했다. 특히, 그녀는 "만약 내가 풀타임 유튜버였다면 가능했겠지만, 파트 타임으로 하는 사람으로서는 사실상 힘든 수치"라고 덧붙였다.

한 여성 크리에이터는 익명으로 인터뷰에 응했다. 그녀 역시 인스타그램의 특별과외를 구체적으로 받았는데 "추천하는 제작 포스팅 개수가 너무 많아서 거의 탈진하는 수준"이었다고 설명했다. 그녀는 1:1 세션에서 인스타그램 관계자가 "가입자와 열독률을 높이려면 플랫폼의 모든 타입 콘텐트를 만들고, 특히 숏폼 비디오인 릴스를 잘 활용해야 한다."고 말했다고 밝혔다. 짧은 비디오가 회전율도 좋고 구독자 증가에도 큰 도움을 주기 때문이다.

그녀는 "그 관계자는 인스타그램 운영을 자동차 운행에 비유했다."고 말했다. 한 부분만 잘 안 돌아가도 결론적으로 차가 멈춘다는 이유였다고 한다. 인스타그램 강의를 듣기 전 구독자 성장에 한계가 왔던 그녀에게는 그 분석이 큰 도움이 됐다. 소셜미디어 운영도 회사와 같이 체계적으로 해야 한다는 얘기다. 대충해서는 성공하기 힘들다.

이와 관련하여 인스타그램의 관계자는 "사람들은 그들이 좋아하는 크리에이터나 관심 있는 사업가의 소식을 듣고 싶어한다. 열성적으로 운영하면 비즈니스를 키우는 데 큰 도움이 된다."고 언급했다. 그는 소상공인이나 크리에이터들에게 피드, 스토리, 라이브, IGTV, 릴스 등 다양한 포맷으로 오디언스와 소통하라고 주문했다. 사람에 따라 선호하는 콘텐트 포맷이 다를 수 있고 접근 방법도 다양하기 때문이다.

인플루언서마다 상황이나 콘텐트 내용이 다른 만큼, 성공 공식의 '지나친 일반화'는 금물이다. 그러나 성공한 인플루언서를 관통하는 법칙

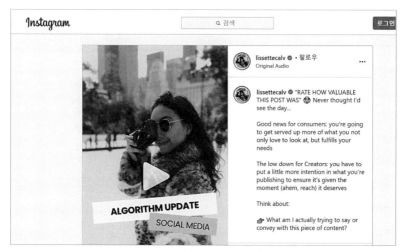

인스타그램으로부터 비밀 과외를 받은 칼베이로의 인스타그램

은 있다. 현재 인플루언서들은 2020년 8월부터 서비스를 시작한 릴스를 가장 많이 추천한다.

릴스는 현재 미국, 영국, 호주, 일본 등 전 세계 50여 개 국가에서 사용할 수 있다. 한국에서도 2021년 2월부터 사용이 가능해졌다. 릴스는 틱톡을 겨냥해 만든 서비스인데, 실제로 많은 크리에이터들이 릴스를 활용해 구독자를 확보하고 있다. 칼베이로도 워크숍 이후 릴스를 시작했고, 일주일에 3~5번 정도 영상을 업데이트했다. 그로부터 한 달이 지나서 팔로워는 3.6% 늘었고 총 도달률은 555% 증가했다고 비즈니스 인사이더는 밝혔다. 이와 함께 칼베이로는 인스타그램의 조언대로 모든 종류의 콘텐트를 다 만들어 올렸는데, 이것도 어느 정도 성공했다. 워크숍에서의 조언이 효과가 있었던 셈이다.

결론적으로 인스타그램의 조언은 칼베이로와 레이첸바흐 같은 크리에이터들에게 성장이나 열독률이 왜 정체되었는지를 이해시키는 데 큰 도움을 주었다. 자신을 제대로 진단할 수 있는 계기를 마련해준 것인데, 이는 인스타그램의 영업에도 긍정적이다.

크리에이터로 성공하고 싶은 이들은 이 가이드라인을 기준으로 자신만의 운영 루틴이나 공식을 만들 수 있다. 레이첸바흐의 경우, 완벽하게 인스타그램의 조언을 따르지는 않았고, 대신 그녀만의 공식을 만들었다고 말했다. 일주일에 하나의 릴스, 하루 하나의 스토리, 사진과 비디오 피드의 지속적인 포스팅이 그녀의 루틴이었다. 결과도 괜찮았다.

미국의 인플루언서 전문가들은 포스팅 개수를 고민하는 크리에이터를 위해 또 다른 제언을 한다. 하나의 콘텐트를 다양한 인스타그램 포맷으로 만드는 방법이다. 길이가 긴 콘텐트를 만든 뒤, 이를 잘라서 숏폼 비디오를 만드는 식이다. 예를 들어 집 앞 공원의 풍경을 10분 영상으로 촬영하고 이를 IGTV나 릴스나 스토리로 제작하는 것이다. 콘텐트 데이터베이스도 쌓이고 포스팅 숫자도 늘리는 '일석이조'가 될 수 있다.

팔로워 확대의 마법 탄환, 숏폼 동영상

인스타그램 성공 알고리즘을 파악하는 건 쉬운 일이 아니다. 그러나 최근 미국의 많은 크리에이터들이 인스타그램 숏폼 비디오 '릴스'의 이용을 성공의 지름길로 꼽고 있다. 여기서 말하는 성공이란 단기간에 최대한 많은 팔로워를 확보하는 것을 말한다.

릴스는 인스타그램이 틱톡의 대항마로 만든 숏폼 동영상 플랫폼이다. 인스타그램은 동영상 유통 트렌드가 점점 짧아지는 점에 착안하여 릴스를 만들고 적극적으로 홍보에 나서고 있다. 월스트리트저널은 2020년 7월 인스타그램이 많은 크리에이터들에게 경제적인 인센티브를 주고 릴스 콘텐트를 만들게 했다고 보도하기도 했다.

이런 노력에도 불구하고 인스타그램은 숏폼 콘텐트 유통 측면에서 틱톡에 비해 상당 수준 뒤지는 상황이다. 하지만 최근 들어 릴스를 이용해 많은 구독자를 모으는 사례도 심심치 않게 나오고 있다. 릴스 플랫폼을 사용한 크리에이터들의 팔로워 수와 열독률이 올라가고 있는 것이다. 이와 관련하여 인스타그램은 공식 성명을 통해 "본인 계정의 확대를 바라는 크리에이터라면 정기적으로 글을 올리고 다양한 포맷으로 콘텐츠를 만드는 것이 매우 중요하다."고 밝힌 바 있다. 이런 점에서 짧은 시간 동안 간편하게 즐길 수 있는 릴스가 많은 팔로워를 몰고 올 수 있다. 한국에서도 2021년 2월부터 서비스가 시작된 만큼, 이런 흐름을 잘 살필 필요가 있다.

미국의 여러 인플루언서들이 릴스를 팔로워 확대를 위한 '마법 탄환magic bullet'으로 여기고 있다. 숏폼 콘텐츠를 포스팅하고 나서 가입자 수가 늘기 시작한 사례들이 나타나고 있기 때문이다. 인스타그램 크리에이터 중 한 명인 크리스틴 트랜 퍼거슨Christine Tran Ferguson은 릴스 서비스 이후 매일 정기적으로 콘텐츠를 올리고 있다. 라이프스타일 관련 콘텐츠 크리에이터로 35만 명 정도의 팔로워를 보유하고 있는 그녀는 비즈니스 인사이더와의 인터뷰에서 "상당 기간 인스타그램 계정이 정체되어 있었고 심지어 팔로워가 줄기도 했다. 그러나 릴스를 시작한 이후 구독자 수가 늘고 '좋아요'를 누르는 이용자도 증가했다."고 설명했다. 퍼거슨의 릴스는 2020년 11월 이후 서서히 인기를 끌기 시작했다. 릴스 시작 당시 팔로워가 31만 명 정도였는데, 3개월 뒤 4만 명 증가한 35만 명이 되었다고 인사이더는 보도했다.

인스타그램은 크리에이터들에게 각종 기능을 교육하고 설명하고 있는데, 릴스의 경우 최근 들어 상당히 꼼꼼하고 자세하게 이야기해 주고 있다. 어떤 콘텐츠를 올려야 구독하는 사람들이 늘고 도달률도 좋아지는지에 관한 내용이다.

마이크로 인플루언서인 리세트 칼베이로는 일주일에 3~4회 정도 릴스를 포스팅한다. 칼베이로는 2020년 10월 인스타그램이 주최한 워크숍에서 릴스의 매력과 중요성을 배운 뒤 곧바로 포스팅을 시작했다. 이 워크숍에서 인스타그램은 릴스를 어떻게 만드는지, 또 얼마나 자주 올려야 하는지 등에 대해 상세하게 알려 준 것으로 전해졌다. 칼베이로는 릴스 운영과 관련, 인스타그램의 추천을 충실히 따랐고, 한 달 만에 팔로워 수와 포스트 도달률이 증가했다고 밝혔다.

하루에도 수만 명의 팔로워가 증가할 수 있는 틱톡과 달리 인스타그램은 구독자를 늘리기가 다소 어려운 것이 사실이다. 숏폼 동영상 위주의 틱톡과 사진을 중심으로 한 인스타그램의 차이다. 약 216,000명의 인스타그램 팔로워를 보유한 챈들러 디하트Chandler DeHart는 "나의 경우, 서서히 구독자가 늘었다. 그러나 릴스 포맷을 도입한 이후 짧은 시간 안에 5만 명 이상의 팔로워가 증가했다."고 말했다. "정적인 포스트와 달리 동영상으로 된 릴스 포스트는 팔로워를 빠르게 증가시킬 가능성이 3~4배인 것 같다."고 언급했나. 인스타그램에서 150만 명의 팔로워를 보유하고 있는 크리에이터 레이 보이스Raye Boyce는 "팔로워 증가 속도가 다소 주춤했지만, 릴스가 열독률을 높이고 도달률을 높이는 데 큰 도움을 줬다."고 말했다.

플랫폼들은 서로 경쟁하지만, 크리에이터 입장에서 인스타그램과 틱톡은 호환 불가능한 소셜미디어가 아니다. 두 플랫폼은 상호보완적으로 영향을 준다. 틱톡 사용자들이 인스타그램으로 넘어오고, 인스타그램에서 사진을 포스팅하던 유저들도 틱톡으로 옮겨간다. 두 플랫폼 모두 사용하는 유저들이 늘고 있어 이 둘을 적절히 잘 사용하면 효과를 톡톡히

alyssamckayyy

alyssa mckay 🦋

Follow

489 Following   6.9M Followers   252.5M Likes

alyssamckaybiz@gmail.com
@alyssamckayyy
@alyssamckayyy
@bangenergy

Videos   🔒 Likes

▷ 429.4K   ▷ 509.7K   ▷ 331.8K

알리사 맥케이의 틱톡

누릴 수 있다.

틱톡에서 크리에이터 활동을 시작해 2년 만에 700만 명의 팔로워를 얻은 알리사 맥케이 Alyssa McKay 는 2020년 여름 인스타그램을 통해 급성장하기 시작했다.

맥케이는 비즈니스 인사이더와의 인터뷰에서 이런 성장이 콘텐트 스타일 변화와 릴스 시작 덕분이라고 설명했다. "숏폼 서비스 릴스를 사용하면서부터 많은 사람들이 피드가 아니라 검색을 통해 내 인스타그램을 찾아오고 있다. 릴스를 시작하기 전에는 인스타그램 팔로워가 많지 않아 사실상 플랫폼 관리에 큰 신경을 쓰지 않았다. 2020년 여름에 인스타그램 팔로워가 25만 명이었는데, 릴스를 이용하고 나서 연말에 구독자가 80만 명으로 늘었다."고 말했다.

맥케이는 틱톡과 인스타그램을 적절히 잘 활용했기 때문에 이 같은 성공이 가능했다고 설명했다. 짧은 길이의 숏폼 동영상을 두 소셜미디어에 적절하게 포스팅했다는 뜻이다. 맥케이는 비즈니스 인사이더와의 인터뷰에서 크리에이터들이 기억해야 할 중요한 사실 한 가지를 말했다. "크리에이터로 성장하기 위해 당신이 알아야 할 포인트 중 하나는 플랫폼의 다양화다."라고 말이다.

릴스가 한국에 도입된 지는 얼마 되지 않았다. 그러나 숏폼 동영상은 한국에서도 이미 일반적인 소셜미디어 서비스 포맷으로 자리잡았다. 크리에이터로 성장하고 싶은 사람이라면 미국에서 릴스가 만들어 낸 긍정적 영향을 면밀히 살필 필요가 있다. 짧은 영상 포맷을 잘 만들어놓고 새로운 플랫폼이 등장할 때마다 적절히 포스팅하는 것이 구독자를 늘리는 데 매우 중요해 보인다. 앞서 말했듯이 틱톡 유저와 인스타그램 사용자는 크게 다르지 않다.

influencer

소셜미디어 서비스의
크리에이터 쟁탈전

2020년 11월 말, 700만 명의 팔로워를 보유한 틱톡 스타 캠 케이시 Cam Casey 가 스냅챗 Snapchat 에 코카콜라가 폭탄처럼 터지는 영상을 올렸다. 케이시는 스냅챗이 틱톡을 겨냥해 만든 숏폼 비디오 '스포트라이트 Spotlight '를 이용했다. 이어 그는 자신의 카메라에 저장된 오래된 비디오 파일들을 스포트라이트 콘텐트로 활용할 수 있을지를 궁리했다.

케이시는 2주 후 스냅챗으로부터 전화를 받았다. 스냅챗의 주요 크리에이터에 올랐고, 수십만 달러를 지급하겠다는 내용이었다. 갑작스러운 성공에 고무된 케이시는 비디오를 더 많이 올리기 시작했다. 촬영해 둔 비디오가 워낙 많아서, 오전 8시부터 자정까지 하루 120개의 비디오를 게재하는 일도 있었다. 케이시는 이 콘텐트로 스냅챗으로부터 거의 300만 달러를 받았다.

이 사례는 2021년 초 뉴욕타임스에 소개된 스냅챗 성공 사연이다. 케

이시는 스냅챗으로 성공을 거둔 전 세계 수천 명의 크리에이터 중 한 명이다. 스냅챗은 2020년 11월에 틱톡과 유사한 숏폼 동영상 공유 서비스 스포트라이트를 내놓은 이후, 매일 100만 달러 넘는 돈을 크리에이터에게 지급했다. 스냅챗은 이 돈을 재미있는 영상을 올린 크리에이터들에게 균등하게 지급하겠다고 밝혔다. 그 결과 수많은 틱톡 스타와 Z세대 인플루언서들이 스냅챗에 모였다. 유명 크리에이터뿐만 아니라 자신의 비디오로 수익을 올리고 싶어하는 일반인들도 모였다. 소셜미디어 서비스가 사회공헌이나 언론사 지원 등을 받지 않고 콘텐트 제작비를 현금으로 직접 주는 경우는 이번이 처음이었다.

크리에이터 안드레아 로모Andrea Romo 도 애초에 인플루언서가 될 생각을 하지는 않았다. 수년 간 친구들과 스냅챗으로 안부를 묻는 정도였다. 그녀는 스포트라이트가 출시됐다는 사실을 인지한 뒤, 친언니가 칠면조를 튀기는 영상을 올리기로 했다. 그런데 대박이 났다. 2주 뒤 로모는 그녀의 비디오가 스냅챗 인기 비디오에 올라 50만 달러를 받게 된다는 사실을 알게 됐다. 스냅챗은 순 시청 수 등을 반영해 지급액을 결정한다. 그녀는 뉴욕타임스와의 인터뷰에서 "무작위로 비디오를 포스팅해 돈을 벌 수 있다는 사실에 놀랐다."고 설명했다.

수년 전까지만 해도 스냅챗은 소셜미디어 크리에이터들에게 큰 주목을 받지 못했다. 스냅챗은 원하는 시점에 사라지는 단문 메시지 공유 서비스로 이름을 알렸다. 다들 동영상을 찍고 올리는 용도로는 스냅챗을 사용하지 않았다. 특히, 동영상을 이용해 돈을 버는 플랫폼은 아니었다. 그러나 틱톡의 성공을 본 뒤 상황이 바뀌기 시작했다. A급 크리에이터를 향한 구애가 시작된 것이다.

스냅챗이 변하고 있다. 스포트라이트가 변화의 시작이다. 이 숏폼 동영상 플랫폼은 틱톡이나 인스타그램 릴스와 유사하다. 원하는 콘텐트를 올릴 수 있고, 하나의 동영상을 시청하면 다음 동영상이 계속 이어지며 자동 재생된다. 자동 재생에는 AI 등에 의한 알고리즘이 작용한다. 그래서 틱톡에서 인기 있는 영상이 스포트라이트 관심 순위에도 올라 있다. 댄스 비디오, 각종 대결, 장난 동영상 등이다. 사용자들이 제작한 세로형 영상이 자동으로 재생되고, 화면을 아래로 내리면 맞춤형 영상을 제공하는 방식도 같다. 틱톡과의 차이점은 공개적인 카운트나 코멘트가 없다는 점이다. 공개 프로필이 아닐 경우, 영상에 작성자의 정보도 표시되지 않는다. 개인 정보 보호를 위해서다.

무엇보다 서비스 론칭 초기, 스냅챗이 준비한 가장 큰 무기는 경제적인 보상이다. 비디오가 공유되면 크리에이터는 수익을 올린다. 그들의 팔로워가 아니어도 상관없다. 어떤 프로모션이나 프로그램에 가입할 필요도 없다. 이용이 매우 간편하다.

스냅챗으로 3만 달러를 벌어들인 도예가 닥스 뉴먼 Dax Newman 은 미국 언론과의 인터뷰에서 "어떤 프로그램(광고 플랫폼)에도 참여할 필요가 없다."라고 스냅챗의 장점을 언급했다.

경제적 보상이 언제까지 이어질지는 모르지만, 어쨌든 많은 수의 인스타그램 이용자나 틱톡 사용자들이 스냅챗으로 옮겨왔다. 특히, 젊은 층이 그렇다. 미국 텍사스주에 사는 고등학교 3학년 케이티 피니 Katie Feeney 는 뉴욕타임스와의 인터뷰에서 2020년 말 두 달 동안 스냅챗으로 100만 달러 이상을 벌어들였다고 말했다. 피니는 "주로 단독 비디오나 코믹한 콘텐트를 올리는데, 많은 사람이 스포트라이트 때문에 인생이 바뀌었다."라고 언급하기도 했다.

특히 전문적인 콘텐트 제작자들이 스포트라이트에서 많은 수익을 올리고 있다. 다른 플랫폼의 경우, 중간 규모 크리에이터들은 생존을 위해 안간힘을 써야 하지만, 스냅챗은 상황이 좀 다르다. 다른 플랫폼에서 돈을 벌려면 상품 판매나 광고가 필수적인데, 스냅챗에서는 오로지 콘텐트만으로 돈을 벌 수 있다. 스냅챗이 콘텐트에 경제적 보상을 하고 있기 때문이다.

미국 LA에 사는 시제이 오퍼아메리카노 CJ OperAmericano 라는 크리에이터는 2015년부터 스냅챗에 영상을 올려왔다. 코카콜라, 월마트, 디즈니 등과 일하며 스폰서 동영상을 만들고 팔로워도 꾸준히 늘렸지만, 수익화는 어려웠다. 그래서 그녀는 언론 인터뷰에서 "주로 틱톡을 통해 돈을 벌었다."고 말했다. 하지만 스포트라이트를 이용하면서부터 10만 달러 이상을 벌어들인 것으로 전해진다.

글로벌시장에서도 '스포트라이트'가 점점 인기를 끌고 있다. 특히, 10대들에게 호응이 높다. 피니는 "요즘 모두가 스포트라이트에 대해 이야기를 한다. 확실히 틱톡 사용자들과 인플루언서 사이에 많이 알려진 듯하다."고 설명했다.

스포트라이트에서 100만 달러 이상을 벌어들인 21살 인플루언서 조이 로고프 Joey Rogoff 는 한 언론 인터뷰에서 더 많은 틱톡 크리에이터들이 스포트라이트로 옮겨올 것으로 믿는다고 밝혔다. 로고프는 "틱톡은 (알고리즘을 이용해) 사람들이 찾는 콘텐트를 소개하는 방향으로 설정되어 있다. 하지만 스냅챗은 자신만의 방식으로 콘텐트를 재생산하고 자신만의 앱으로 만들 수 있다."고 설명했다. 스냅챗이 크리에이터들에게 직접 보상하는 방식에 대해서도 큰 점수를 줬다. 물론 그는 다른 사업자들도 이런 방식을 도입하기를 바란다.

크리에이터 매니지먼트 기획사 스티어 Stir 의 공동 CEO 조셉 알바네제 Joseph Albanese 는 "크리에이터들에게 수익 모델의 또 다른 옵션을 제공하는 것은 틱톡과의 경쟁을 위해 매우 핵심적인 요소다. 회사가 인증한 인플루언서들에게 자금을 지원하는 프로그램인 틱톡 크리에이터 펀드 TikTok creator fund 가 틱톡을 키운 것도 사실이다."라고 설명했다. 플랫폼을 풍성하게 만들기 위한 일종의 유인책인데, 이런 동기 부여를 통해 양질의 프로그램이 만들어진다는 것이다.

반대로 이런 지원책이 없으면 소셜미디어 서비스의 치열한 경쟁 속에 다른 플랫폼을 찾아가는 빈도가 늘어날 것이다. 틱톡의 인기가 여전하지만, 스냅챗에도 젊은이들이 새로운 기회를 잡기 위해 모이고 있다. 특히, 짧은 기간 안에 돈을 벌 수 있다는 소문에 사람들이 몰렸다. 인플루언서에 관심이 높은 고등학생들도 소셜미디어 스타가 되기 위해 스냅챗에 관심을 기울인다.

스냅챗 스포트라이트의 시작은 성공적이다. 그러나 틱톡을 넘어서기 위해서는 더 많은 무기가 필요하다. 직접적인 현금 지급 방식으로 단기간 효과를 볼 수는 있겠지만, 이런 정책을 계속해나가며 운영할 수는 없다. 많은 크리에이터들이 100만 달러를 나눠 갖다 보니, 어느새 개인이 가져가는 파이도 줄어들고 있다. 경쟁이 치열해짐에 따라 구독자를 확보하기는 더 어렵다.

사실 이 무기의 핵심은 '크리에이터'다. 그렇다면 단기적인 경제적 보상이 아닌 장기적으로 크리에이터에게 명성을 얻을 수 있는 시스템을 만들어줘야 한다. 크리에이터들이 명성을 통해 더 많은 구독자를 모으면, 팔로워들은 자신이 좋아하는 인플루언서의 콘텐츠나 그들의 개성을 보고 클릭 여부를 결정한다.

스냅챗은 스폰서 기업들의 시선을 끌기 위해 스타를 만들어야 한다. 다시 말해 스냅챗이 크리에이터들의 재능과 인기를 육성하는 장소가 될 수 있다는 점을 보여줘야 한다. 많은 사람들이 틱톡 스타가 어떤 형태인지 알고 있지만, 스냅챗 스타는 아직 정체가 모호하다. 이용자들이 게재하는 동영상을 분석하고 열독률을 높이기 위한 노력이 필요하다.

최근 미국에서는 스포트라이트 크리에이터들이 틱톡과 유사한 코랩하우스를 조직하려는 움직임이 나타나고 있다. 코랩하우스는 함께 모여 콘텐츠를 만드는 일종의 협업 스튜디오다. 하이프 하우스 같은 유명 틱톡 코랩하우스는 기존 방송 콘텐츠를 위협할 정도의 인기와 지지를 확보하고 있다.

뉴욕타임스는 교육 관련 콘텐츠를 만드는 인플루언서 도미닉 안드레가 스포트라이트를 통해 벌어들인 60만 달러의 자금으로 LA 지역에 과학 교육 전용 코랩하우스 설립을 추진 중이라고 보도했다. 그는 스냅챗을 통해 일주일에 평균 10만 달러를 벌고 있는 인플루언서다. 도미닉은 인터뷰에서 "하이프 하우스와 유사하게 열 명 정도 인원으로 과학에 초점을 맞춘 팀을 만들고 싶다. 내 목표는 스냅챗 과학 교육 프로그램을 만드는 것"이라고 설명했다. 만약 양질의 콘텐츠를 만들기 위한 이같은 자발적인 움직임이 이어진다면, 스냅챗에도 지배 플랫폼으로 갈 기회가 생길 것이다. 물론 이를 위해서는 크리에이터가 먼저다. 크리에이터를 확보하기 위한 경쟁은 지금도 진행 중이다.

한편, 스냅챗은 미국의 멀티미디어 메시징 애플리케이션이다. 스탠퍼드 대학생 3명(에반 스피겔Evan Spiegel, 바비 머피Bobby Murphy, 레지 브라운Reggie Brown)이 만들었다. 24시간 내에 사라지는 비밀 대화로 유명하며, 사진에 비밀번호를 걸어 자신만 볼 수 있게 하는 등 사적 교류 용도로 많이 사용됐다. 그래서 암호화와 같은 개인 정보 보호 기능도 화제였다. 이런 기능으로 16세 이하 젊은 층에게 특히 인기가 많다. 그러나 최근 들어 동영상 공유와 함께 가상 스티커, 증강현실 기술 적용 등 다양한 방식으로 상호 교감을 추진하고 있다. 2021년 2월 기준, 스냅챗 일일 활동 사용자 수는 2억6,500만 명에 달하고, 하루 평균 메시지 교환은 40억 건이 넘는다.

100만 달러 펀딩에 성공한
틱톡 뮤지컬 <라따뚜이>

코로나바이러스 대유행이 탄생시킨 틱톡 뮤지컬 <라따뚜이 Ratatouille>. 새해 새로운 희망을 기원하며 2021년 1월 1일에 온라인 행사로 열려 100만 달러의 수익을 올렸다. 이 프로젝트는 틱톡 사용자들이 자발적으로 올린 <라따뚜이> 자체 제작 영상에서 시작됐다. 개인 크리에이터들의 작업이 브로드웨이 작품으로 성장한 셈인데, 과정이 흥미롭다.

뉴욕 지역 음악 교사 에밀리 제이콥슨은 2020년 8월 아파트를 청소하며 <라따뚜이>의 주인공 레미를 주제로 한 노래를 부르는 동영상을 틱톡에 올렸다. 그녀의 노래는 라따뚜이와 관련된 수많은 챌린지 영상의 물결로 이어졌고, 이는 다시 폭발적인 시청으로 이어졌다. 작곡가와 전문가들도 챌린지 대열에 합류했다. 이후 분장, 무대 디자인, 포스터 등 다양한 분야의 틱톡 크리에이터들이 참여해 뮤지컬의 토대를 만들었다. 코로나바이러스 대유행으로 무대를 잃은 연극 전공 학생부터 각 분야

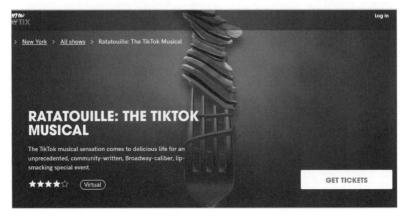

틱톡 뮤지컬 라따뚜이 메인 화면

전문가들이 자발적으로 참가해 아이디어를 공유하고 협업했다. 음악, 무대 의상, 메이크업과 헤어 등 참가자만 수천 명이 넘는다.

이에 공연 전문 기획사 시뷰Seaview가 나서서 배우들을 캐스팅해 한 편의 공연으로 만든 다음, 이 영상을 새해 첫날 공개했다. 관람료는 따로 없었고, 희망하는 기부액을 최대 100달러로 정했다. 수익금은 미국 엔터테인먼트 산업 종사자들을 지원하는 단체 '더 액터스 펀드The Actors Fund'에 기부됐다. 2020년 3월 12일 문을 닫은 미국 브로드웨이 극장가는 언제 다시 문을 열 수 있을지 모른다. 배우, 안무, 음악 등 공연 관계자들의 어려움은 말로 표현하기 어렵다.

공개된 소셜미디어 뮤지컬은 기대 이상이었다. 이 온라인 뮤지컬은 72시간 동안만 공개됐는데, 공연 기획사 시뷰는 틱톡 뮤지컬 〈라따뚜이〉를 실제 브로드웨이 작품에 견줄 수 있을 정도로 구성해냈다.

토니상 수상자들의 참가는 물론, 브로드웨이 오케스트라 신포니에

타Sinfonietta도 참여했다. 디즈니 픽사Pixar가 만든 애니메이션 〈라따뚜이〉를 원작으로 하는 이 틱톡 뮤지컬은 열두 마리의 쥐와 요리를 주제로 한 다양한 노래가 등장한다.

배역은 웨인 브래디Wayne Brady, 타이터스 버지스Tituss Burgess, 앤드류 바스 펠드먼Andrew Barth Feldman, 안드레 드 쉴즈Andre De Shields, 한국계 배우 애슐리 박Ashley Park 등 정상급 브로드웨이 배우들이 맡았다. 제작은 각각의 영상들을 편집하고 붙여서 완성됐다. 리허설도 최단 기간에 이루어진 것으로 알려졌다. 알프레도Alfredo Linguini 역을 맡은 앤드류 바스 펠드먼은 뉴욕 타임스와의 인터뷰에서 "내 인생에서 가장 빠르게 진행된 뮤지컬"이라며 "공연 3주 전에 처음 이야기가 나왔고, 연습 후 바로 방송됐다."고 설명했다.

이 뮤지컬이 더 대단한 건 어떤 리더십이나 구심점 없이 자발적으로 시작하고 마무리됐다는 점이다. 굳이 구심점을 찾자면, 각각의 틱톡 크리에이터들 모두다. 그들이 각자 자신의 역할을 맡았고, 이 영상들이 연출자(공연기획사)를 만나 구체화 됐다. 어쩌면 소셜미디어 시대, 코로나바이러스 시기 이후에 볼 수 있는 새로운 창작 포맷일 수 있다. 관객들도 이미 이 포맷에 적응했다. 자발적인 공연이고, 기부도 자의에 맡겨졌지만, 공연을 시작하기도 전에 8만여 표가 판매된 것으로 알려졌다.

뮤지컬 〈라따뚜이〉에서 볼 수 있듯이, 틱톡은 코로나바이러스 대유행 이후 음악가나 댄서 등 퍼포먼서performers들이 설 수 있는 새로운 무대가 되고 있다. 숏폼이라는 특성상 제작도 공유도 쉽기 때문이다. 오래된 음악이나 춤이 틱톡에서 부활하기도 한다. 틱톡에서 다시 생명을 얻은 매튜 와일더의 노래 'Break My Stride'가 대표적이다.

이와 함께 틱톡에서 사람들이 모여 새로운 컨셉트의 작품을 탄생시킬 수도 있다. 〈라따뚜이〉 프로젝트에서 무대 디자인에 참여한 크리스토퍼 로스Christopher Routh 는 뉴욕타임스와의 인터뷰에서 "이벤트의 하이라이트는 수많은 틱톡 크리에이터들이 참여한 점"이라며 "이 콘텐트는 수익으로 이어졌을 뿐만 아니라 브로드웨이를 더 강하게 만들 것"이라고 설명했다. 새로운 시대가 새로운 질서를 만든다.

한편, 지난 2007년 개봉한 픽사의 애니메이션 〈라따뚜이〉는 별 다섯 개 짜리 프랑스 식당의 주방장이 되고 싶다는 야무진 꿈을 가진 생쥐 '레미'가 식당 청소부 링귀니와 친구가 되어 벌이는 음식과 우정에 관한 이야기를 그린 작품이다.

도전의 방식이 다르다,
애틀랜타 인플루언서

코로나바이러스 대유행 이후 미국은 인플루언서 천국이다. 흑인 인권 시위, 대선 불복 시위 등을 거치며 소셜미디어 서비스를 활용해 현장을 중계하는 1인 미디어들이 다양하게 확산되고 있다. 심지어 레거시legacy 미디어에서 일하던 기자들도 자신들의 미디어를 만들어 새로운 인플루언서가 되고 있다.

미국 애틀랜타Atlanta. 미디어를 조금 아는 사람들에게는 CNN 본사가 있는 지역으로 기억되겠지만, 지금 미국 내에서는 영화, 패션, 예술의 중심지 중 한 곳으로 애틀랜타를 꼽는다. 1980년대 랩이나 R&B, 힙합Hip-Hop 등이 이곳에서 탄생했고, 그런 이유로 수십 년간 엔터테인먼트 산업이 크게 성장했다. 물론 이 과정에 조지아Geogia 주의 세금 감면 정책도 한몫했다.

이제 이 거대한 메트로폴리스가 인플루언서들의 성지가 되고 있다.

인플루언서들은 이곳에 살면서 그들의 작품을 만든다. 애틀랜타에 사는 15살 소녀 잘라이아 하몬Jalaiah Harmon은 2019년말 틱톡을 뒤흔든 댄스 동영상의 주인공이다. 지금도 이 춤 영상The Renegade은 바이럴 트렌드Viral trends에서 가장 잘 알려진 영상 중 하나다.

이와 함께 애틀랜타는 래퍼 릴 나즈 엑스Lil Nas X가 그의 노래 '올드 타운 로드Old Town Road'로 유튜브를 뒤흔든 장소이기도 하다. 실제로 애틀랜타는 수백만의 팔로워를 가진 유튜브 스타들이 비디오를 만들고 '목요일 틱톡TikTok Thursdays'라고 불리는 주간 매치업 등 각종 챌린지challenge가 진행되는 지역이기도 하다.

그렇다면 애틀랜타의 크리에이터들은 다른 지역과 어떤 차이가 있을까? 애틀랜타의 특수성은 미국 내에서 큰 관심사다. 뉴욕타임스는 기획 보도를 통해 "애틀랜타의 크리에이터들은 기존 인플루언서 경제의 지배적인 사고를 뒤집는다."라고 언급한 바 있다. LA나 뉴욕과 같이 패션, 음악, 춤 등 전형적인 포맷의 콘텐트를 만드는 인플루언서들이 아니라는 이야기다.

물론 대부분의 크리에이터처럼 애틀랜타 지역 인플루언서들도 온라인에 먹힐 만한 콘텐트를 만들지만, 이들이 만드는 콘텐트는 LA 지역의 틱톡 스타들과 달리 식상한 느낌의 전형적인 모습은 아니다. 애틀랜타 지역 인플루언서에게는 드라마가 있다. 지역적인 연대감과 동지애도 존재한다. LA 지역 인플루언서들이 코랩하우스 등에서 기획해 만드는 느낌이라면 애틀랜타는 날 것 그대로의 매력이 있다. 인플루언서들의 장단점이 분명히 드러난다는 이야기다. 그들에게는 또 공동체 의식이나 연대감도 있다.

인플루언서의 전형성을 탈피하는 데에는 애틀랜타의 다양한 인종 분포도 큰 역할을 했다. 애틀랜타의 크리에이터는 백인 우세가 아니다. 오히려 압도적으로 흑인이 많다. 이에 비해 LA 지역 인플루언서 중에는 흑인이 소수다. 사실 흑인 크리에이터들이 인터넷 트렌드를 주도하고 다양한 콘텐츠를 만들어내고 있지만, 상업 시장에서는 백인들보다 상대적으로 손해를 보고 있다. 스폰서로 나서는 브랜드도 적고 광고비도 저렴하다는 것이 일반적인 평이다.

그러나 애틀랜타의 새로운 세대는 이런 악습 타파에 도전하고 있다. 2020년 11월 애틀랜타 지역에 Z세대들이 주도하는 2개의 큰 틱톡 하우스(틱톡 크리에이터들이 모여 콘텐츠를 만드는 곳)가 생겨났다.

둘 다 Z세대 흑인 크리에이터들의 맨션all-Black Gen Z creator mansion 으로 콜랩 크리브The Collab Crib 와 발리드 크리브The Valid Crib 가 그곳이다. 이들의 목표는 애틀랜타를 크리에이터의 허브로 키우는 것이다. 또 그들 하우스의 경쟁력을 수준급으로 끌어올리고 싶어한다. 발리드 크리브의 멤버 중 한 명인 데브론 해리스Devron Harris 는 현지 언론과의 인터뷰에서 "우리는 함께 일하고 하나가 된 것처럼 콘텐츠를 만든다."고 말했다.

사실 지난 수년간 틱톡 크리에이터 하우스는 특정 지역이 주도했다. 미국 내에서는 LA, 댈러스, 라스베이거스 등이고, 글로벌 지역에서는 프랑스, 영국, 멕시코, 스페인, 러시아가 대표적이다. 이 중에서도 가장 유명한 틱톡 맨션은 하이프 하우스Hype House 일 것이다. 하이프 하우스는 2019년 12월에 형성되어 LA 지역 크리에이터 하우스 붐을 일으켰고, 트렌드와 인플루언서 경제를 주도했다.

애틀랜타 하우스들이 바로 이 지형을 깨기 위해 도전장을 냈다. 발리

A NEW BEGINNING!!! (VALID CRIB HOUSE TOUR)

7,482 views · Nov 17, 2020   👍 811   👎 4   ➴ SHARE   ≡+ SAVE   •••

애틀랜타 지역의 틱톡 하우스 '밸리드 크리브' 관련 영상

드 크리브는 코로나바이러스로 자가격리 명령이 내려진 2020년 봄 이후에 본격적으로 시작됐다. 20여 명의 크리에이터들이 인스타그램 메시지나 스냅챗으로 서로의 의견을 주고받았고, 2020년 7월에 드디어 직접 만나서 에어비앤비로 하우스를 대여해 공동 작업에 들어갔다. 작업이 순조롭게 진행되자 2020년 11월부터는 애틀랜타 교외에 있는 집을 계약해 새로운 콘텐트를 만들 준비를 마쳤다. 미래의 스타는 이렇게 시작해 탄생한다.

또 다른 애틀랜타 지역 틱톡 하우스인 콜랩 크리브는 애틀랜타 중심가 주변의 240평 아파트에 터를 잡았다. 콜랩 크리브를 고안한 사람은 애틀랜타 지역 연예매니지먼트 회사인 영건 엔터테인먼트Young Guns Entertainment의 CEO 케이스 도르시Keith Dorsey다. 그는 애틀랜타에 틱톡 하우스를 만들기 위해 소속 연예인들을 비롯해 외부에서 8명의 새로운 멤버를 영입했다. 일종의 연예 기획 하우스인 셈이다. 멤버 선정에 대해 형평성 문제가 지적되기도 했지만, 콜랩 크리브 역시 새로운 도전에 나서고 있다. 그리고 이미 어느 정도 성공을 거두고 있다.

콜랩 크리브의 멤버인 오닐 로우 O'Neil Rowe 는 다베이비 DaBaby, 로디 리치 Roddy Ricch, 릴 야티 Lil Yatchty 등 유명 래퍼들의 노래에 맞춰 춤을 만들어 틱톡에서 선보였다. 그의 싱글 앨범 '스내핀 Snappin '은 이미 2만여 개의 틱톡 비디오에 사용됐다. 그러나 문제는 수익화다. 아직은 광고 매출 이외에 다른 수익원이 별로 없다. 흑인 크리에이터들인 만큼, 기업 스폰서 유치에도 일정 수준 차별이 있다.

그럼에도 불구하고 애틀랜타는 흑인 크리에이터들에게 새로운 희망이다. LA 지역보다 이 지역에서 흑인 창작자들이 더 많은 기회를 잡고 있다. 새로운 에너지가 담긴 콘텐트가 생겨날 수 있는 토양이 만들어지고 있기 때문이다. 현재 애틀랜타 지역 두 틱톡 하우스는 지역의 음악 및 엔터테인먼트 산업 분야와 계속해서 파트너십을 맺고 있다.

"우리는 유튜브와 인스타그램에서 새로운 할리우드가 되기를 원한다." 조지아에 거주하는 흑인 크리에이터 말라치 콜리어 Malachi Collier 가 뉴욕타임스와의 인터뷰에서 밝힌 포부다. 아직 애틀랜타 크리에이터들의 미래가 어떻게 될 지는 알 수 없지만, 에너지는 충분하다. 평가를 내리기에는 아직 이르다.

한편, 한국도 틱톡이 10대들에게 대세지만 애틀랜타와 같은 자생적 에너지는 아직 약하다. 연예기획사나 셀럽들이 자기 홍보를 위해 틱톡 동영상을 사용하는 경우가 많은데, 공산품 느낌이 나는 건 어쩔 수 없다.

한국에서 틱톡이 활성화되고, 더 나아가 K-틱톡 하우스가 생겨나기 위해서는 자생적 자발적 움직임이 있어야 한다. 물론 한국적 정서에 맞는 공동 제작이 우선일 것이다. 코로나바이러스가 물러간 뒤 한국에서 새로운 트렌드가 생겨나기를 기대해 본다.

PART 2

인플루언서 비즈니스

코로나바이러스가 많은 것을 바꾸어놓았다. 소셜미디어도 마찬가지다. 내용도 내용이지만, 콘텐트로 수익을 올리는 인플루언서 비즈니스 모델도 변화를 겪었다. 이 변화는 코로나바이러스로 인해 새롭게 바뀐 일상의 흐름을 그대로 따라간다.

코로나바이러스가 인플루언서 비즈니스를 바꾸다

대면 접촉의 부재와 여행 제한은 가상의 존재인 버추얼 인플루언서에게 유리하게 작용했다. 감염 위험이 없는 그들이 인간 인플루언서들의 빈자리를 채우고 있다. 따뜻한 온기까지 전할 수는 없겠지만, 허전함을 달래기에는 충분하다.

인공지능을 앞세운 버추얼 휴먼 기술이 매우 빠르게 발전하고 있다. MBC 창사 60주년 특집으로 방영한 VR 휴먼 다큐멘터리 〈너를 만났다

시즌2〉에서는 4년 전 죽은 아내를 VR 세상에서 만나는 남자의 모습이 등장한다. 남자는 아내와의 만남에 오열했고, 이를 지켜보던 아이들 역시 눈물을 흘렸다. 나 역시 울었다.

버추얼 인플루언서가 점점 우리의 일상으로 파고들고 있다. 이제 상품 판매에까지 나서며 확실한 비즈니스 영역으로 들어선 상황이다. 버추얼 인플루언서는 늙지도 아프지도 사고를 치지도 않는다. 브랜드 관리를 소중하게 생각하는 기업으로서는 좋은 파트너다. 2부에서 바로 이 가상 인플루언서들의 활약상과 그들이 만들어내는 비즈니스를 살펴본다.

새로운 형식의 콘텐트 제작 시도 활발

코로나바이러스 이후 소비가 증가한 '콘텐트 업종'에서 다양한 시도가 일어나고 있다. 그중 눈에 띄는 것이 틱톡 등 인기 소셜미디어의 고유한 특징을 방송 프로그램 등에 접목하는 시도다. '소셜미디어'와 '방송 콘텐트'는 코로나바이러스 대유행 이후 가장 이용도가 높은 서비스인 만큼, 둘의 결합은 인기를 끌 가능성이 크다.

2부에서는 틱톡이나 스냅챗 등 소셜미디어 서비스를 방송에 접목한 프로그램이 등장한다. 틱톡 스타들을 TV로 불러내 방송과 소셜미디어를 함께 제작하는 어썸니스TV의 사례는 예능 프로그램의 새로운 미래를 보여준다. 한국에서도 비슷한 변화가 있었다. JTBC가 제작하고 방영한 〈랜선라이프〉의 경우에도 다양한 분야 크리에이터가 등장해 프로그램을 채웠다.

그런데 이제는 한발 더 나아가 소셜미디어가 TV프로그램의 소재로 활용되는 수준이 아니라 프로그램 형식 자체를 바꾸고 있다. 틱톡 붐이 일면서 숏폼 동영상이 대세가 되었고, 경쟁력을 갖춘 작품들이 온라인에서 만들어지고 있다. 이런 사례들을 통해 소셜미디어와 예능의 미래를 살펴본다.

인플루언서와 팬을 연결하라

코로나바이러스 시대, 사람과 사람의 연결이 매우 어려운 키워드가 됐다. 인플루언서들은 예전처럼 팬 사인회나 현장 행사를 진행할 수 없다. 이런 어려움을 해결하기 위해 인플루언서와 팬을 연결해주는 서비스와 플랫폼들이 잇달아 등장했다. 이 서비스와 플랫폼 덕분에 인플루언서와 팬이 서로 교감할 수 있게 되었고, 비즈니스도 가능해졌다. 대부분 수수료를 받는 중계 비즈니스지만, 그동안 없던 시장을 창출했다는 측면에서 의미가 있다.

그동안 특정 언론사, 회사, 플랫폼 등의 울타리 안에 있던 기자 인플루언서들이 코로나바이러스 이후 고객을 직접 만나야 할 필요가 발생했다. 광고 감소, 구독자 침체 등으로 이들을 보호하던 플랫폼이 약화 되었기 때문이다. 그래서 등장한 대표적인 서비스가 바로 서브스택 등 뉴스레터 플랫폼이다. 이 플랫폼은 뉴스레터를 보내고 싶은 크리에이터와 받고 싶은 독자들을 연결해준다. 최근에는 뉴스레터에 광고를 탑재해 '광고 플랫폼'으로 진화하는 모습도 보인다.

한국에서 서비스 중인 뉴스레터 뉴닉NEWNEEK도 광고와 후원 모델로 성장하고 있다. 2부에서 뉴스레터 플랫폼이 어떻게 성장하고 있으며 미래는 어떤지 좀 더 상세히 살펴보자.

이밖에 카메오, 페이트론, 온리팬스 등 좋아하는 스타를 직접 후원하고 이들로부터 다이렉트 메시지를 받을 수 있는 서비스도 늘고 있다. 팬들의 반응을 확인하고 교감을 느끼기 위해 이 같은 연결 서비스를 이용하는 인플루언서의 수도 증가하고 있다. 코로나바이러스가 만들어놓은 새로운 인플루언서 경제다.

버추얼 인플루언서,
인간을 대체하다

인공지능이 만들어낸 버추얼 인플루언서 Virtual influencers 가 소셜미디어 서비스 시장을 흔들고 있다. 애니메이션이나 게임 캐릭터를 앞세운 버추얼 인플루언서는 이전에도 어느 정도 영향력이 있었다. 하지만 감염병 대유행 시대를 겪으면서 더욱 강력해지는 모양새다. 이들의 인기가 이제 인간 인플루언서를 위협할 정도다.

자신과 자신이 기르는 고양이의 일상을 소재로 인스타그램 포스트를 올리는 여성 캐릭터 세라핀 Seraphine. 세라핀은 가상 케이팝 그룹 'K/DA'의 멤버다. 그녀의 등장에 전 세계 수천 명의 팬이 몰려들었다. K/DA는 게임 개발사 '라이엇 게임 Riot Game'이 개발한 버추얼 여성 아이돌 그룹이다. 팬들이 모인 이유는 분명하다. 혹시나 그녀가 라이엇 게임의 최고 흥행작인 '리그 오브 레전드 League of Legend'의 새 캐릭터가 되지 않을까 하는 기대 때문이다.

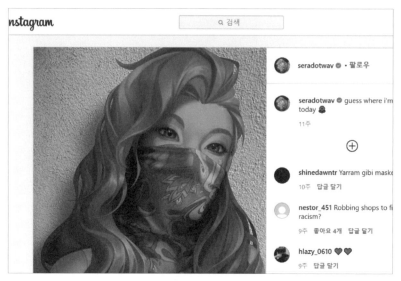

버추얼 인플루언서 세라핀의 인스타그램

팬들의 관심 덕분에 세라핀의 인스타그램 팔로워는 2021년 1월 현재 46만4천 명을 넘어섰다. 세라핀은 인스타그램에서 K/DA의 음악을 홍보하기 위해 상하이에 마스크를 쓰고 등장했다. 인간 인플루언서였다면 불가능한 일이다. 실제 이벤트가 아니었음에도 팬들은 열광했다. 어쩌면 이 버추얼 인플루언서가 코로나바이러스 시대에 최적화된 셀럽인지 모른다. 많은 인간 인플루언서들이 집 안에서 작업하고 있을 때도 그녀의 외부 활동에는 변화가 없다. 해변을 거니는 세라핀의 모습도 공개됐다. 그리고 결국 그녀는 '리그 오브 레전드'의 새 캐릭터가 되었다.

사람과 사람의 물리적 교감이 안전하지 않은 이때, 디지털 휴먼의 인기가 더욱 높아지고 있다. 버추얼 인플루언서는 사회적 교류를 향한 인간의 욕구를 채워주면서 점유율을 점점 높이고 있다.

경제 매체 비즈니스 인사이더에 따르면, 기업들이 연간 인플루언서 마케팅에 쓰는 비용이 2020년 80억 달러에서 2022년 150억 달러까지 커질 것으로 전망된다. 이런 가운데 버추얼 인플루언서 시장도 급속도로 커지고 있다. 버추얼 인플루언서 개발사이트 버추얼휴먼스virtualhumans.org의 창업자 크리스토퍼 트래버스Christopher Travers는 "버추얼 인플루언서는 가짜fake지만 비즈니스 잠재력이 엄청나다. 장기적으로는 인간보다 비용이 적게 들고, 100% 원하는 대로 조절이 가능하다. 가장 중요한 점은 늙거나 죽지 않는다는 것"이라고 말하기도 했다.

트래버스에 따르면 '리그 오브 레전드'의 새 캐릭터 세라핀은 버추얼 휴먼스에서 탄생한 125개 버추얼 인플루언서 중 하나다. '리그 오브 레전드'에 매일 8백만 명의 사용자가 방문하는데, 덩달아 버추얼 인플루언서인 그녀도 인기를 끌고 있다. 블룸버그에 따르면 2020년 6월 현재 125개 버추얼 인플루언서 중 50여 명(?) 이상이 소셜미디어 서비스에 데뷔했다.

각종 기획사에 의해 탄생한 디지털 아바타Digital avatar 중 일부는 기업과 파트너십 계약을 맺고 본격적으로 상업 마케팅 시장에 뛰어들고 있다. 영국 온라인 마켓 온바이OnBuy에 따르면, 팔로워 수 280만 명을 돌파한 가상 모델 릴 미겔라Lil Miquela의 스폰서 포스트 금액은 약 8,500달러로 업계에서 가장 높은 수준이다. 미겔라는 이미 캘빈 클라인, 프라다 등 여러 패션 브랜드와 프로모션을 한 바 있다.

온바이는 릴 미겔라가 1년에 1,170만 달러를 벌어들이는 것으로 예상했다. 모든 돈은 사실 그녀가 아닌 그녀를 만든 창작자인 트레버 맥페드리스Trevor McFedries와 사라 데쿠Sara DeCou에게 귀속된다.

코로나바이러스 대유행으로 인해 상품 론칭이나 스폰서 여행 등이 취소되면서 패션계 인플루언서들은 수익이 거의 없다시피 했다. 그러나 미켈라는 상황이 다르다. 그녀는 2020년 7월 온라인으로 진행된 롤라팔루자Lollapalooza 페스티벌에서 뮤직비디오를 공개할 정도로 활동이 활발하다.

이렇듯, 코로나바이러스 대유행은 버추얼 인플루언서들을 소셜미디어 트렌드의 전면에 배치했다. 특히, Z세대들은 버추얼 인플루언서에 사람만큼(혹은 더) 환호하고 있다. IBM의 조사에 따르면 1995년 이후 출생한 Z세대 인구가 2020년 기준 전 세계 25억6,000만 명에 달하는 것으로 조사되었다. 이제 20대 중반이 되기 시작한 Z세대 중 경제 활동 인구도 점점 늘고 있으며 수입도 증가하고 있다. 그래서 기업들의 주요 타깃이 되고 있다. 맥킨지의 조사에 따르면 밀레니얼과 Z세대의 구매력은 미국에서만 약 3,500억 달러에 달한다.

라이엇 게임스의 캐릭터 크리에이티브 디렉터인 패트릭 모랄레스Patrick Morales는 미국 언론과의 인터뷰에서 "세라핀과 같은 가상 인플루언서라고 해서 사람보다 신뢰감이 덜 하지는 않다. 젊고 IT 기술에 밝은 게이머들의 관심과 습관을 파악하기 위해, 기술이 제공할 수 없는 스토리텔링을 담은 잠재적인 플랫폼으로 소셜미디어 서비스를 활용한다."고 설명했다. 소셜미디어 캐릭터를 활용해 게이머들과 소통하면서 그들의 관심사와 습관 등을 파악해 이를 게임 개발에 반영할 수 있다는 이야기다.

벤처 투자자들도 관심을 보였다. 미국 버몬트Vermont에 자리한 애니메이션 및 엔터테인먼트 브랜드 회사 슈퍼플라스틱Superplastic Inc.은 2019년 8월 1,000만 달러의 창업 자금을 투자받은 뒤 2020년 10월에 600만 달러를 추가로 투자받았다. 이 회사는 다양한 완구와 의류, 버추얼 인플루언서인 잰키Janky, 구기몬Guggimon 등을 개발해 보유하고 있다. 투자에는 크래프트 벤처스Craft Ventures, SV 엔젤스SV Angels, (아리아나 그란데와 저스틴 비버 등이 포함된) 스쿠터 브라운Scooter Braun 등 유명 벤처 투자자가 참여했다.

이와 함께 이마IMMA, 플라스틱 보이 등 버추얼 휴먼을 개발한 일본 스타트업 AWW도 2020년 9월 벤처 캐피털인 코랄 캐피털Coral Capital 로부터 100만 달러를 투자받았다. 이 회사는 일본 기업으로는 처음으로 가상 인간을 표방하는 개발사다. 현재 이 회사는 가상 인간을 이용해 트위터와 인스타그램에서 다양한 계정을 운영 중이다.

특히, AWW가 내놓은 가상 인간 이마의 경우, 인스타그램 팔로워만 30만 명에 이른다. 이마는 핑크색 머리를 한 매력적인 젊은 여성 캐릭터다. 원래 스폰서 캐릭터가 아닌 팝아트 작품으로 만들어졌지만, 이마와 계약하려는 광고주들이 줄을 잇고 있다. 이마는 현재 페라가모Salvatore Ferragamo 등의 패션 브랜드와 계약을 맺었고, 이케아와 함께 스폰서 콘텐트를 만든다.

이케아의 경우, 도쿄 하라주쿠 거리에 있는 매장에 이마가 등장한다. 이마는 3일 동안 그곳에서 먹고 자고 요가하고 청소하는 일상을 유튜브에 공개했다. 그녀는 패션잡지와 작업하고 틱톡의 바이럴 챌린지Viral Challenges 에도 참가했

AWW가 개발한 가상 인간 이마

다. 총격을 묘사하는 장면으로 끝나는 이 챌린지 영상은 560만 뷰를 기록했다. 이마의 인스타그램 팔로워 수는 33만 명에 달한다. 이케아에 따르면 한 해에 벌어들이는 돈만 7억 원이 넘는다. 현재 AWW는 20여 명의 직원을 고용하고 있는데 대부분 영화 제작 경험이 있는 이들이다. 캐릭터를 만들기 위해 3D 스캐닝과 모션 캡처, 얼굴 인식, 사진 실사 모델 기술 등을 적용하고 있다. 이들 기술은 게임 엔진에도 최적화되어 있다.

많은 버추얼 인플루언서들의 외형이 인간 모습인 데 비해 슈퍼플라스틱의 잰키, 구기몬 등은 가상의 동물에 가까운 모습으로 큰 인기를 끌고 있다. 이들은 230만 명이 넘는 인스타그램 팔로워를 보유하고 있다. '잰키'는 곰 외형을 가진 고양이에 가깝고 '구기몬'은 상어 이빨을 가진 토끼 모습이다.

이들 캐릭터는 프라다의 옷을 입거나 드로리안DeLorean의 모터사이클을 타며 가상이지만 실제와 같은 느낌을 낸다. 구기몬은 리코 내스티Rico Nasty 등 유명 래퍼와 함께 놀기도 한다. 모든 캐릭터들은 가상이지만 실제 브랜드를 소비하고 음식을 먹는다. 현실과 가상이 섞인 하이퍼 리얼리티hyper-reality인 셈이다. 이런 하이퍼 리얼리티는 새로운 수익을 창출한다. 팔로워를 몰고 오고 광고 매출도 끌어올린다.

버추얼 캐릭터의 가장 큰 장점은 잠재력과 가능성이 무한대라는 점이다. 컴퓨터 기술의 사용이 가능한 상황이라면 상상력의 제한도 발생하지 않는다. 활동에도 제약이 없다. 코로나바이러스 대유행 상황에서도 버추얼 인플루언서는 거침이 없다. 어디든 여행을 가고 언제든 등장한다. 그러나 시대정신을 팽개치지는 않는다. 세라핀은 그녀의 침실에서 고양이를 쓰다듬는 인스타그램 포스트를 올렸다. "모두 자신을 보호합

JANKY SERIES THREE [PRE-ORDER]
$12.00

afterpay⧉ available for orders over **$35** ⓘ

Get 3.5-inch soft vinyl art toys created by 14 unique artists, representing nine amazing countries around the world!

Janky Series Three is the most limited-edition, highly coveted, and carefully curated collection of international artists…EVER. Escape reality with each artist's unique perspective on how art can save the world, interpreted onto 3.5-inches of vinyl. Every Janky toy is sealed in a super-secret blind box, so every unboxing is a total freakin' surprise! Collect the series and find hella-rare toys before your friends do!

Artists in Janky Series Three include: Andrea Kang, Anna Cattish, Caramelaw, Huck Gee, Jor Ros, Junko Mizuno, Mark Gmehling, Pete Fowler, Ricardo Cavolo, Scott Tolleson, Sentrock, Sket One, Wattle, Guggimon… and ????

SINGLE BLIND BOX

슈퍼플라스틱의 잰키 캐릭터

시다_{Self care together!}"라는 메시지와 함께 말이다.

한국에서도 버추얼 인플루언서 시장이 열리고 있다. 변화는 엔터테인먼트 업계에서 시작되고 있다. 2020년 11월 SM엔터테인먼트가 선보인 걸그룹 에스파는 한국·일본·중국 출신 멤버 4명과 이들을 똑 닮은 가상의 아바타 4명으로 구성됐다. 처음부터 실존 인물과 버추얼 아바타가 함께 가는 것이다. 4명이지만 8명인 셈이다. 이 그룹은 데뷔 전부터 현실의 멤버와 가상의 아바타가 서로 소통하며 교류한다는 설정으로 주목받았다. 아바타지만 새로운 콘텐트를 만들고 트렌드를 구축한다는 측면에서 인플루언서로 볼 수 있다.

아바타 제작 앱도 있다. 네이버의 자회사 제트 코퍼레이션이 개발 운영하는 아바타 제작 앱 제페토는 10대들 사이에서 인기가 높다. 2018년 사업을 시작해 전 세계 1억 명이 넘는 이용자를 끌어모았다. 제페토를 이용하면 자신의 얼굴을 바탕으로 3D 아바타를 만들 수 있다. 원하는 모습으로 외모를 꾸미고 가상 공간에서 다른 사람들과 소통할 수 있어서 Z세대의 새로운 놀이터가 되고 있다. 여기에서는 모든 사람이 새로운 아바타 크리에이터가 될 수 있다.

제페토에서 BTS, 블랙핑크 등의 아바타도 만날 수 있으며, 이를 중심으로 새로운 세계가 형성될 수 있다. 이런 이유로 유명 연예기획사들도 투자에 나선 것으로 알려졌다.

미디어 기업,
예능의 미래를 틱톡에서 찾다

바이어컴CBS ViacomCBS 가 인수한 숏폼 스트리밍 플랫폼 어썸니스 TV AwesomenessTV 가 새로운 리얼리티쇼를 공개했다. '넥스트 인플루언 서 Next Influencer '라는 제목의 콘텐트다. 코로나바이러스 대유행으로 할리우 드 스튜디오들이 촬영을 멈춘 사이, 10대 인플루언서들을 주인공으로 만든 콘텐트다. 공개된 콘텐트에는 비키니와 수영복을 입은 10대들이 수영장에서 셀카를 찍고 서로 어울려 놀다가 맨션으로 자리를 옮겨 음 식을 나눠 먹으며 함께 즐기는 장면이 나온다. 10대들의 풋풋한 사랑 이 야기도 담겼다. 9명의 틱톡 스타들이 야외 활동이 중단된 코로나바이러 스 시대를 지내는 방법이다.

〈넥스트 인플루언서〉는 스텝과 배우들을 코로나바이러스로부터 차단 하기 위해 10일간 마이애미 비치 맨션의 고립된 공간에서 촬영을 진행 했다. 이 프로그램의 수석 프로듀서인 에밀리 헤흐트 Emily Hecht 는 본편 공개에 앞서 가진 언론 인터뷰에서 "바이어컴CBS의 철저한 방역수칙에 따라 엄격한 통제 하에 프로그램을 만들었다. 외부와 고립된 마이애미의 맨션에서 10대들이 다양한 상상력을 발휘하며 시간을 보내는 장면이 자연스럽게 연출됐다."고 설명했다.

최근 유튜브에 공개된 〈넥스트 인플루언서〉는 〈리얼월드The Real Word〉와 같은 전형적인 MTV스타일의 쇼와 틱톡의 숏폼 콘텐트를 넘나드는 새로운 포맷의 하이브리드 콘텐트다. 틱톡 스타 알렉스 와렌Alex Warren이 진행하는 이 프로그램에는 어썸니스TV와 콘텐트 제작 계약을 원하는 9명의 신인 틱톡 스타들이 출연한다. 이들은 달리기 시합 등의 현장 미션, 틱톡 포스팅 대결 등의 버추얼 콘테스트를 진행해 승자를 가린다.

이 쇼의 모든 에피소드는 MTV의 유명 리얼리티쇼인 〈Jersey Shore: Family Vacation〉을 촬영한 마이애미 비치의 한 맨션에서 제작됐다. 코로나바이러스 대유행은 전통 TV스튜디오들에게 새로운 시도를 하게 만들었다. 바이어컴CBS는 방역과 살균 서비스를 주문했고, 현장에서도 배우들이 지나치게 밀착하는 대신, 카메라 트릭을 이용해 클로즈업 장면을 만들었다. 지자체가 공표한 사회적 거리 두기 규제도 모두 지켰다. 물론 모든 출연자와 스텝들은 촬영 전후에 코로나바이러스 감염 검사를 받아야 했다.

바이어컴CBS가 틱톡 형식으로 제작한 리얼리티쇼인 이 작품은 여러모로 의미가 크다. 어썸니스TV 제작진은 미국 언론과의 인터뷰에서 코로나바이러스 시대의 제약된 제작 상황과 그 현실에서 벗어나고 싶은 팬들을 위한 콘텐트를 제공하는 일 사이에서 균형을 잡기 위해 노력했다고 밝혔다. 코로나바이러스 대유행으로 인해 제작이 자주 중단됐고,

철저한 방역 수칙과 거리 두기를 지켜야 했기 때문에 과거와 같은 큰 스케일의 작품을 만들기 어려웠다는 설명이다. 어썸니스TV는 "우리는 소비자들이 느끼는 코로나바이러스 피로감을 충분히 알고 있기 때문에 현실을 벗어날 수 있는 재미있는 이야기를 전달하려고 했다."고 말했다. 이런 어려움에도 불구하고, 유튜브와 틱톡 스타들이 미디어 시장 점유율을 확대하고 있는 지금, 전통적인 미디어 기업에게 매우 중요한 프로젝트였다.

코로나바이러스가 사회 활동을 막아서면서 소셜미디어 서비스 이용률이 급격히 증가했다. 콘텐트 시청 시간과 횟수도 당연히 늘었다. 유명 인플루언서 제임스 찰스James Charles의 유튜브 쇼 〈인스턴트 인플루언서Instant Influencer〉는 2020년 4월 공개 이후 1,000만 뷰를 기록했고, 2020

년 말에는 속편 시리즈도 선보였다. 2020년, 숏폼 스트리밍 서비스 틱톡에 대한 관심은 폭발적이었다. 어썸니스TV의 〈넥스트 인플루언서〉도 이런 흐름에서 시작됐다.

어썸니스TV는 틱톡 크리에이터들이 모여 함께 작업하는 코랩하우스에 주목한다. 보통 10~20명의 크리에이터들이 모여서 작업하는 코랩하우스는 공동으로 운영하는 틱톡 등에 올릴 콘텐트를 주로 제작한다. 아파트나 맨션을 빌려 공동 작업장으로 쓰기도 하고, 각자 자신의 콘텐트도 만든다. 한국의 아이돌 그룹과 비슷한 느낌이라고 보면 된다. 미국에서는 LA나 시애틀, 뉴욕 등에 많은데, 최근에는 애틀랜타 지역에서 코랩하우스가 늘고 있다.

어썸니스TV는 유명 코랩하우스를 대상으로 사전 비디오 오디션을 진행한 뒤, 마이애미의 크리에이터 그룹인 '프로젝트305'를 1차 대상으로 정하고 9명의 틱톡 참가자를 선정했다. 평가 기준은 팔로워 숫자나 퍼포먼스의 독특함, 확장 가능성 등이다.

그 뒤 1,300만 명이 넘는 팔로워를 보유한 알렉스 워렌을 진행자로 선발했다. 워렌은 LA를 기반으로 한 코랩하우스인 '하이프 하우스Hype House'의 멤버다. 2000년생인 그는 스턴트 비디오나 스케이트보드 영상, 친구들과 게임을 즐기는 영상 등을 유튜브에 올려 일약 스타가 됐다. 유튜브를 평정한 그는 틱톡에도 많은 팔로워를 보유하고 있다.

어썸니스TV는 "메이저 틱톡하우스의 멤버가 기존 TV프로그램에서 멘토이자 심사위원, 진행자를 맡은 건 이번이 처음"이라고 설명했다. 소셜미디어 서비스는 이 쇼를 홍보하는 가장 중요한 수단이다. 쇼에 출연하는 모든 스타들은 이 프로젝트와 관련한 포스트를 올려야 하며, 문자

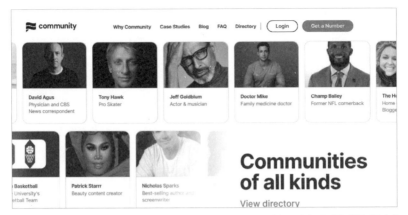

마케팅 플랫폼인 '커뮤니티 Community'를 이용하기 위해 휴대전화 번호도 만들었다.

　'커뮤니티'는 이메일 마케팅을 문자로 전환한 서비스로, 한국에서도 일부 스타들이 사용하고 있다. 스타와 팬이 공유하는 안심번호 같은 느낌이라고 이해하면 될 것 같다. 인플루언서들은 자신의 전용 전화번호를 부여받는데, 그 번호로 팔로워들에게 문자 메시지를 보낼 수 있다. 팬들은 이 번호로 자신이 좋아하는 인플루언서로부터 맞춤형 문자 메시지를 받을 수 있다. 회사나 미디어 기업들이 고객에게 프로모션 이메일이나 뉴스레터를 보내는 방식과 유사하다. 온종일 들고 다니는 휴대전화의 문자를 이용한다는 측면에서 인플루언서와 더 긴밀하게 소통한다는 느낌을 줄 수 있다. 어썸니스TV는 "〈넥스트 인플루언서〉를 시작하자마자, 수천 명의 시청자가 커뮤니티 플랫폼에 가입했다. 이는 시청자와 우리가 소통하는 새로운 방식"이라고 설명했다.

유명인들의 일상을 보여주는 리얼리티쇼. 한국에서 '관찰 예능'이라 불리는 리얼리티쇼가 미국에서 처음 시작된 건 1990년대 초반이었다. MTV의 리얼리티쇼 〈리얼월드The Real World, 1992〉, CBS의 〈빅브라더Big Brother, 2000〉가 대표적이다. 이제 틱톡 스타들이 기존 리얼리티쇼들을 역사로 밀어내고 새로운 질서를 만들고 있다. 엄청난 조회 수를 기록하고 있는 틱톡 스타들. 그들은 리얼리티쇼의 포맷을 이용해 10대와 밀레니얼 세대들을 끌어모은다.

하이프 하우스 등의 틱톡하우스가 이전에 없던 완전히 새로운 개념은 아니다. 우리나라에서 2000년대 초반에 인기를 끌었던 TV 프로그램 〈동거동락〉처럼 유명 연예인들이 모여 함께 게임도 하고 영상도 찍는 포맷이다. 개그맨 유재석의 전성시대를 열었던 〈무한도전〉과도 유사하다. 온라인에서 유튜버들이 함께 모여 공동으로 작업하는 유튜브하우스YouTube house도 종종 시도되었다. 다만 틱톡하우스는 플랫폼과 최신 트렌드에 맞게 이를 수정했다. 1992년과 지금이 달라진 것은, 소셜미디어 서비스의 출현과 VOD 시청 증가, 팬들이 자신이 좋아하는 리얼리티 스타와 온라인에서 언제든 만날 수 있다는 점이다.

인스타그램, 틱톡, 유튜브는 이제 24시간 7일, 코랩하우스를 구성해 방송할 수 있다. 인플루언서들은 그들이 원한다면, 수용자와 더 긴밀하게 접촉할 수 있다. 이른바 '필터' 없이 말이다. 이 과정에서 TV는 필요 없다. 그렇다고 해서 TV쇼의 가치가 사라지는 것은 아니지만, 소셜미디어 서비스는 한계와 제약이 없어 보인다.

이 같은 인플루언서 코랩하우스는 우리에게 아직 낯선 문화다. 게다가 항상 긍정적인 것만도 아니다. 미국에서도 일부 코랩하우스 멤버들이 함께 일탈을 저지르는 등 윤리적인 문제가 대두되었다. 포맷도 점점 식상해진다. TV 프로그램과 비슷한 포맷의 콘텐트를 만들기 시작했고, 지나친 상업화가 창의성을 훼손시키고 있다는 지적도 많다.

이제 막 인플루언서 창작 하우스 문화가 형성되기 시작한 한국의 크리에이터들은 이런 문제점을 이겨내고 새로운 길을 만들어야 한다. 외국 인플루언서 사례를 돌아볼 때, 영상이나 편집의 완성도가 높거나 엄청난 기술이 필요한 콘텐트가 반드시 성공하는 건 아니다. 그보다는 신선함과 차별성이 돋보이는 콘텐트가 사람들의 시선을 사로잡는다. '자신이 곧 브랜드'라는 생각을 가질 필요가 있다. 새로운 콘텐트는 새로운 사고에서 나온다.

틱톡,
자가격리 시대 생활의 중심

틱톡이 미국에 처음 등장한 건 불과 3년 전이다. 2018년 미국에서 서비스를 시작한 후, 15초 전후의 짧은 동영상을 공유하는 단순한 포맷의 소셜미디어가 시장을 뒤흔들었다. 특히 10대들 사이에서 인기가 엄청났다. 코멘트 영상, 코미디, 춤 배틀, 챌린지, 화장법, 댄스 등 무한한 내용과 포맷으로 빠르게 퍼져나갔다. 이런 현상 때문에 뉴욕타임스에 '틱톡이 어떻게 세상을 다시 썼나? How TikTok Is Rewriting the World?'라는 제목의 기사가 등장하기도 했다. 엄청난 인기 속에 틱톡은 각종 기록을 세웠다. 2020년 4월, 다운로드 20억 회를 넘어섰고, 월간 활동 사용자 8억5,000만 명을 돌파했다.

이 같은 성장에도 불구하고 미국에서는 '10대들의 소통 수단'이라는 인식이 강했다. '청소년 댄스 애플리케이션'이라는 인식 때문에 여전히 미개척 영역이 많았다. 그러나 최근 들어 청소년이 만든 영상을 어른들

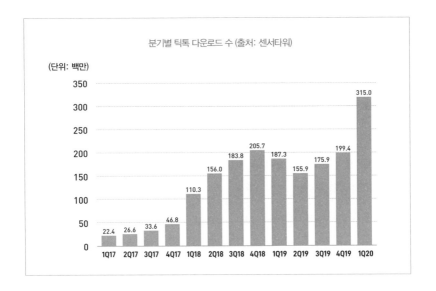

분기별 틱톡 다운로드 수 (출처: 센서타워)

(단위: 백만)

이 따라 하는 사례가 많아지면서 확장성이 커지고 있다. 틱톡이 청소년 과 성인을 아우르는 '온라인 댄스 문화'를 만들어가는 분위기다. 이제 성 인들도 틱톡으로 동영상을 만들고 유명인과 정치인을 패러디한다.

여기에 더해 2020년을 장악한 코로나바이러스 대유행이 틱톡의 용도 를 늘려놓았다. 접촉에 대한 두려움이 온라인 네트워크의 상상력을 자 극한 셈이다. 엔터테인먼트, 정치, 사회 등 모든 영역에서 틱톡의 사용법 이 재해석됐다.

틱톡의 힘이 가장 두드러진 영역은 '엔터테인먼트' 분야다. 특히 눈 에 띄는 부분은 음악 쪽이다. 틱톡에서는 유명인이 아닌 일반인도 훌륭 한 음악가가 될 수 있다. 틱톡 크리에이터들이 모여 새로운 음악을 만 들기도 하는데, 특히 힙합 뮤지션들이 그런 모습을 자주 보여주고 있다. 2021년 1월 1일에 상영된 틱톡 뮤지컬 〈라따뚜이〉도 일반인을 비롯해 수백 명의 음악가와 무대 전문가, 작곡가 등이 모여 브로드웨이 수준의 작품을 완성한 사례다.

틱톡은 쇼핑 습관도 바꾸고 있다. 틱톡에서 화제가 된 옷이 유행하는 현상은 이제 일상이 됐다. 스타들이 어떤 옷을 사고 입는지가 틱톡의 가장 뜨거운 주제이기도 하다. 그래서 의류 브랜드들도 틱톡을 마케팅 플랫폼으로 활용한다. 코로나바이러스 대유행 이후에는 명품 업체들도 틱톡 마케팅을 시작했다.

2020년에는 루이비통Louis Vuitton, 프라다Prada가 모델 에이전시와 함께 틱톡 마케팅을 진행했다. 구찌는 틱톡에서 '런웨이를 걷는 모델처럼 옷 입는 법'을 가르쳤다. 이 밖에 주요 브랜드와 유통 업체들이 틱톡의 인플루언서와 함께 일하고 있다. 대표적인 틱톡 집합 제작소인 '하이프 하우스'의 인플루언서들이 입는 의상이 유명 마트인 '타깃Target'에서 판매되고 있다.

이 모든 것이 틱톡이 새로운 패션 트렌드를 논의하는 장이 됐다는 점을 증명한다. 틱톡의 크리에이터 커뮤니티 담당 이사 커드지 치컴부Kudzi Chikumbu는 뉴욕타임스와의 인터뷰에서 "틱톡은 이제 일반적인 브랜드를 넘어 창의적 표현으로 진화하고 있다. 틱톡은 패션 업계에 즐거움을 주고, 예술과 자기표현을 위한 새로운 길을 열고 있다."고 설명했다.

특히, 2020년 코로나바이러스로 대다수 의류 매장이 문을 닫으면서 새로운 브랜드와 매장들이 틱톡에 팝업 스토어를 열고 온라인으로 물건을 팔았다. 구제 옷 매장도 많이 생겨 다양한 의류가 틱톡을 통해 유통됐다. 메이저 유통 사업자인 세포라Sephora, 던킨Dunkin과 게임스톱GameStop은 직원들이 틱톡 인플루언서가 되어 의류를 판매하도록 했다.

2020년 코로나바이러스가 유행하면서, 틱톡이 공공 의료를 지키는 역할도 했다. 의사, 간호사 등 의료 최전선에 있는 필수 근로자들은 틱톡을 코로나바이러스의 위기를 알리는 데 사용했다. 그들은 마스크 쓰기의 중요성, 백신 관련 가짜뉴스에 대한 해명 등을 틱톡을 통해 전파했다. 부모나 가까운 지인이 코로나바이러스에 감염된 경우, 투병 일기 등을 틱톡에 올려 바깥세상과 소통하기도 했다.

틱톡은 2020년 미국 흑인 인권 시위에서도 힘을 발휘했다. 2020년 여름을 뜨겁게 달궜던 이 사회 운동은 틱톡을 통해 한층 더 뜨거워졌다. 젊은 행동가들은 자신의 의견을 표시하는 장으로 틱톡을 활용했다. 공권력의 무자비함을 규탄하고 연대와 개혁을 위해 힘을 모았다. 2020년 6월, 오클라호마 툴사Tulsa에서 열렸던 트럼프 대통령 선거 유세장은 틱톡 사용자들이 대거 참석을 신청했다가 불참하면서 현장이 썰렁해졌다. 여기에 일조한 틱톡 크리에이터들은 텅 빈 유세장 사진을 공유했다. 이 이벤트 이후 공화당 전략 분석가인 스티브 슈미터Steve Schmidt가 트윗에 이렇게 적었다. "미국 10대들이 트럼프에 맹렬한 일격을 가했다."고 말이다. 전문가들은 틱톡이 "잘못된 정보와 극단적인 정치 성향에 맞서 싸울 것"이라고 언급했다.

선거가 가까워질수록 틱톡은 사람들을 연결하고 잘못된 부분을 바로잡는 역할을 했다. 선거 당일 수백만 명의 미국 10대들이 그들의 의견을 공유했다. 비록 투표권은 없었지만 말이다.

미국 학교들이 코로나바이러스로 수업을 온라인 방식으로 바꾼 이후, 많은 학생과 교사들이 애로사항을 토론하는 장소로 틱톡을 이용했다. 한편으로는 교육 플랫폼으로도 활용했다. 다른 사람들을 위해 수업 영상을 틱톡에 올리는 이들이 많았다. 학생들은 서로의 과제를 돕기 위해 라이브 스트리밍 방송을 했고, 친구들과 숙제를 함께 하기 위해 틱톡을 이용하기도 했다.

2020년 6월, 틱톡에 교육 플랫폼이 소개됐다. 이 플랫폼에 수백 명의 교육 전문가들과 기관이 학생들을 위해 마련한 교육 콘텐트가 공개됐다. 교육 콘텐트를 제작하고 공유하는 행위를 넘어 친구들과 우정을 돈독하게 하고 서로에 대한 사랑을 키우는 매개체로도 틱톡이 활용됐다. 코로나바이러스 시대, 대면할 수 없는 이들끼리 서로를 연결하는 방법으로 사용되었다. 틱톡으로 만나 사랑에 빠지는 이들도 늘었는데, 이렇게 연결된 커플들이 실제 만남을 이어가는 경우도 많다.

2020년 미국에서 틱톡이 만들어낸 또 다른 열풍 중 하나는 '레니게이드 챌린지'다. 레니게이드 챌린지는 래퍼 K캠프K-Camp의 노래 '로터리Lottery'의 서두 부분에 반복되는 '레니게이드'라는 가사에서 파생된 명칭이며, 이 노래에 맞춰 춤을 추는 이벤트가 바로 레니게이드 챌린지다. 틱톡에서 크게 유행했는데, 잘라이아 하몬이 시작하고 인기 인플루언서들이 참여하면서 큰 화제가 됐다.

코로나바이러스 대유행으로 집에 머무는 시간이 늘어난 사람들에게는 음식도 중요했다. 음식 문화와 레시피를 공유하는 트렌드가 인스타그램에서 틱톡으로 옮겨왔다. 특히 열여덟 살의 요리사 아이탄 버나트는 100만 명이 넘는 팔로워를 기록하며 큰 주목을 받았다. 그는 '침실에서 아침 만들기' 같은 독특한 미션으로 이용자들을 끌어모았다.

아울러 틱톡 음악도 많은 이들에게 기회가 되어 주었다. 사람들이 수개월 동안 집 안에 고립되면서 느낀 고독감을 틱톡 음악이 달래주었고, 무명의 아티스트를 발견하는 기회도 만들어주었다. 플리트우드맥Fleetwood Mac의 '드림스Dreams' 같은 노래는 요즘 사람들이 잘 모르는 예전 곡이었는데, 틱톡에서 인기를 끌면서 많은 사람의 관심을 받고 차트를 역주행하기도 했다.

투자자들을 열광하게 만든
라이브 스트리밍 쇼핑

미국 실리콘밸리의 벤처 캐피털들이 앞다퉈 관심을 가지는 스타트업Start-Up 이 있다. 라이브 스트리밍 쇼핑 애플리케이션 '팝숍 라이브PopShop live'다. 이 애플리케이션은 개인이나 소상공인들이 자신의 상품을 고객에게 직접 판매할 수 있게 만든 스트리밍 서비스다. 일종의 개인방송 형태다. 홈쇼핑의 인터넷 버전이라고 할 수 있는데, 한국에서도 그립Grip 이라는 애플리케이션이 인기를 얻고 있다.

LA에 본사를 둔 이 스타트업은 2020년 말 1차 펀딩을 받았는데, 무려 1억 달러의 기업가치를 인정받았다. 당시 실리콘밸리의 벤처 캐피털들이 이 회사에 투자하기 위해 뛰어들었고, 치열한 경쟁 끝에 벤치마크Benchmark 가 안드레센 호르비츠Andreessen Horowitz, 라이트스피드 벤처 파트너스Lightspeed Venture Partners 등 경쟁사들을 제치고 투자에 성공했다. 참고로 벤치마크는 2020년 5월에 오디오 소셜미디어 스타트업 클럽하우스Club

House 투자 시에도 안드레센 호로비츠와 경합했는데, 그때는 상대에 밀린 바 있다.

팝샵 라이브 애플리케이션 화면

벤치마크는 지난 2018년부터 팝샵 라이브에 주목했다. 그리고 이번 투자로 임원 한 명이 이 회사의 등기 이사로 참여하게 되었다. 팝샵 라이브에 파견되는 임원은 과거 인스타그램, 아사나Asana, 드롭박스Dropbox 등에도 투자한 경험이 있는 것으로 알려졌다. 최근 실리콘밸리 벤처 투자 업계는 코로나바이러스 대유행으로 인한 일상 변화 속에서 성공할 수 있는 스타트업 찾기에 혈안이다.

유망 기업의 경우, 투자 경쟁에서 이기기 위해 비행기를 타고 방문하는 수고도 마다하지 않는다. 미국 기술 매체 인포메이션The Information의 보도에 따르면, 일부 벤처 캐피털은 팝샵 라이브의 창업주 다니엘 리Danielle Li에게 샌프란시스코에 와서 투자를 논의하자며 전세기를 보내겠다고 제안한 것으로 전해졌다. 애플리케이션 측정 사이트 앱토피아Appotia에 따르면, 2020년 7월까지 팝샵 라이브 베타버전이 20만2,000회 다운로드 되었고, 일일 평균 이용자는 3,200명 정도였다. 아직은 규모가 크지 않지만, 성장 가능성은 충분하다.

팝숍 라이브를 향한 관심은 라이브 스트리밍 쇼핑 애플리케이션 시장 성장과 궤를 함께한다. Z세대들은 TV 쇼핑 채널 구매와 온라인 스트리밍 쇼핑 서비스를 통한 구매에 특별한 차이를 두지 않는다. 오히려 라이브 스트리밍 쇼핑이 Z세대를 위한 홈쇼핑으로 여겨지기도 한다. 중국에서도 소셜미디어 커머스 등 라이브 쇼핑 플랫폼에 대한 관심이 급증하고 있는데, 코어사이트 리서치 Coresight Research에 따르면 2020년 한 해 동안 1,250억 달러의 거래 규모를 형성한 것으로 보인다. 2019년 630억 달러에서 두 배 가까이 증가한 수치다.

라이브 스트리밍 쇼핑 시장의 성장으로 경쟁도 치열해지고 있다. 기술 대기업들도 이 시장을 넘보고 있다. 페이스북은 인스타그램 등에 상거래 기능을 추가해 소상인들이 자신들의 제품을 이용자들과 직거래할 수 있는 길을 만들었다. 유튜브도 비디오 쇼핑 기능을 테스트 중이다. 2020년 10월, 블룸버그는 유튜브가 크리에이터들의 영상에 등장하는 상품을 추적할 수 있는 기능을 시험 중이라고 보도한 바 있다. 한편, 아마존은 판매자들이 자신의 제품 판매 페이지에 물건을 홍보하는 스트리밍 사이트를 연결할 수 있게 했다.

팝샵에서는 상인들이 판매자 신청을 할 수 있으며, 가입 후 앱을 통해 라이브로 상품 판매 방송을 내보낼 수 있다. 팝샵은 상인들이 주문을 추적할 수 있게 하고 배송 등 부가 서비스도 지원하고 있다.

influencer

인플루언서와 팬들을
직접 연결해주는 서비스

ASMR 콘텐트를 만드는 세미드의 사례와 같이 인플루언서가 확산되면서 수익원도 다양해지고 있다. 광고 모델이나 기업 후원 모델이 아닌 팬들의 직접 지원 모델도 활성화되고 있다. 이런 틈새에서 팬들과 크리에이터를 연결해주는 서비스도 확산하고 있다. 자신들이 좋아하는 콘텐트를 생산하는 이들을 지원하는 일종의 예술가 후견 모델인 셈이다.

일부는 후원에서 끝나지 않고 수익으로도 연결된다. 주식 투자와 비슷한 개념이다. 크라우드 펀딩 Cloud Funding 등의 투자로 인플루언서 경제에서 수익을 확보하고 있다. 한국에서도 이런 모델이 나오고 있지만, 미국이 반 박자 빠르다.

모바일 애플리케이션 다운로드 분석 업체 앱토피아 Apptopia 는 최근 들어 미국에서 크리에이터에 투자하는 애플리케이션의 다운로드가 급증했다고 밝혔다.

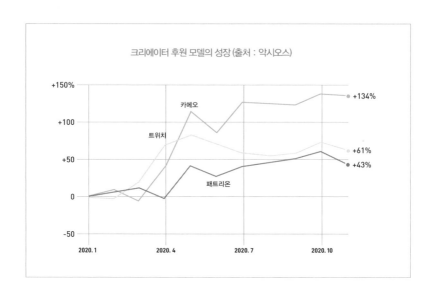

크리에이터 후원 모델의 성장 (출처 : 악시오스)

카메오 _{Cameo, http://www.cameo.com} 는 2020년 한 해 동안 1억 달러의 수익을 올렸다. 수만 명의 크리에이터가 100만 개 넘는 카메오 비디오를 만들어 이 앱에서 판매했다. 카메오는 음악, 스포츠, 영화계의 카메오 급 연예인들과 개인 비디오를 원하는 팬들을 연결하는 플랫폼이다. 친구의 생일에 친구가 좋아하는 스타의 개인 영상을 보내주는 식이다. 영상의 가격은 15달러에서 시작해 3,000달러가 최고가다. 카메오는 이 둘을 중개하고 25%의 수수료를 받는다. 최근 이 앱에서 일반 연예인을 비롯해 틱톡 인플루언서까지 매우 다양하게 거래가 이뤄지고 있다.

뉴스레터 중계 플랫폼 서브스택 _{Substack http://www.substack.com} 도 전성기를 맞고 있다. 서브스택은 기자 크리에이터들에게 새로운 수익원이 되고 있다. 현재 25만 명 이상의 유료 구독자들이 있는데, 상위 10위까지의 뉴스레터 매출을 합치면 연간 1,000만 달러 이상이다. 서브스택의 기업가치는 6,000만 달러 정도로 평가되고 있다.

예술가와 인플루언서를 후원하는 서비스인 패트리온Patreon도 기업가치가 점점 높아지고 있다. 패트리온은 2020년 9월에 9,000만 달러를 추가 유치한 뒤, 기업가치가 12억 달러로 상승했다. 현재 글로벌시장에서 600만 명 이상의 크리에이터들이 이 서비스를 이용하고 있다.

온리팬스Only Fans, https://onlyfans.com도 인플루언서 시대를 맞아 성장하고 있다. 온리팬스는 구독형 소셜미디어 서비스다. 돈을 지불하면 크리에이터로부터 독점 콘텐츠를 받을 수 있다. 이 애플리케이션은 2020년 한 해 동안 3억 달러의 수익을 올렸다. 현재 다양한 셀럽들이 이 서비스를 이용하고 있다.

이 외에도 크리에이터들이 서비스 확장의 중심 역할을 하는 애플리케이션들이 폭발적으로 성장하고 있다. 디지털 만화 사이트 웹툰Webtoon이나 비고라이브Bigo Live 같은 라이브 스트리밍 채팅 애플리케이션이 대표적이다. 비고라이브는 중국의 라이브 스트리밍 애플리케이션이다.

틱톡의 글로벌시장 대성공은 많은 경쟁으로 이어졌다. 틱톡에서 활동하는 인플루언서들이 새로운 시장을 만들어내자, 경쟁사들도 이 시장에 속속 들어오고 있다. 레딧Reddit은 틱톡과 유사한 숏폼 비디오 서비스인 덥스매쉬Dubsmash를 인수했다. 이에 앞서 스냅챗은 아예 틱톡의 경쟁 서비스로 스포트라이트Spotlight를 론칭했다. 페이스북도 이 대열에서 빠지지 않았는데, 2020년 8월 인스타그램에 숏폼 동영상 서비스 릴스를 내놓고 치열하게 영업 중이다.

한국도 점차 변화가 오고 있다. 인플루언서들의 영향력이 점점 커지고 있다. 유튜브, 틱톡에서 시작된 크리에이터, 인플루언서들의 영향력은 이제 TV프로그램에까지 이어지고 있다. 그리고 홈쇼핑에서도 인플루언서들의 힘이 새로운 시장을 만들고 있다. 그립 같은 라이브 홈쇼핑에서도 높은 판매고를 올리는 크리에이터들의 영향력을 확인할 수 있다. 그러나 아직은 미국처럼 다양한 분야에서 인플루언서, 크리에이터의 인지도를 이용하고 있지는 않다. 그 말은 성장 가능성이 무궁무진하다는 이야기이기도 하다. 그러나 한 가지 염두에 두어야 할 것은 개인의 인지도나 신상 정보를 이용하는 사업인 만큼, 정보 보호와 신뢰는 기본 원칙이라는 점이다.

성인 전용 소셜미디어
온리팬스의 아슬아슬한 성장

온리팬스OnlyFans는 영국 런던에 본사를 둔 콘텐트 구독 서비스다. 크리에이터들이 그들의 팬들만을 위한 콘텐트를 올리는 사이트인데, 월 정책 구독료로 운영된다. 다만 대부분 성인 전용 비디오나 사진이어서 성싱품화를 조장한다는 비난노 있긴 하다. 그러나 자신이 좋아하는 크리에이터의 콘텐트를 단독으로 받아보고 개인 메시지도 교환할 수 있어서 미국, 유럽 등에서 큰 인기를 끌고 있다. 2020년 말 현재, 온리팬스의 글로벌 이용자는 8,500만 명에 달한다.

이런 성장을 틈타 최근에는 온리팬스 계좌만을 관리하는 기획사들도 나오고 있다. 유료 사이트인 데다 성인 전용 콘텐트도 많아 세심한 관리가 필요하기 때문이다.

언룰리Unruly는 인플루언서들의 온리팬스 계좌를 관리하는 전문 기획사다. 이 회사는 인스타그램을 통해 온리팬스 관리 사업을 시작했다. 시

온리팬스 사이트

작 1년 만에 500만 명의 인스타그램 팔로워를 보유한 인플루언서 타나 몽고Tana Mongeau 등 많은 인플루언서들의 온리팬스 사이트를 관리하고 있다. 현재 언룰리의 고객은 데이지 키치Daisy Keech (인스타그램 팔로워 550만 명), 시에라 스키에Sierra Skye (인스타그램 팔로워 410만 명), 애비 라오Abby Rao (인스타그램 팔로워 230만 명) 등 다양하다.

언룰리는 스스로를 인플루언서와 모델을 위한 마케팅 및 제작사라고 말한다. 그러나 인플루언서들 사이에서는 온리팬스 관리 회사로 유명하다. 언룰리는 타라 일렉트라Tara Electra 와 니키 개트리테Nicky Gathrite 에 의해 공동 설립됐다. 일렉트라는 음악 이벤트 프로모터인 인썸니악Insomniac 에서 일렉트릭 데이지 카니발Electric Daisy Carnival 과 같은 축제의 인플루언서 캠페인을 담당했다. 이때 그녀는 인플루언서와 접촉해 온리팬스 관리 계획을 설명했다.

일렉트라와 개트리테의 전략은 주효했다. 여러 인플루언서가 온리팬스 계좌를 100% 관리해준다는 데 관심을 보였다. 이후 많은 인플루언서와 일하게 됐고 완전히 온리팬스에 초점을 맞춘 서비스를 제공하기 시작했다. 이와 관련하여 언룰리는 "우리는 우리를 인플루언서를 위한 컨시어지 서비스_{concierge service} 라고 생각한다. 크리에이터의 아이디어를 모아 그들이 작품을 만들 수 있게 돕는다."라고 말하기도 했다.

언룰리는 인플루언서들이 인스타그램, 틱톡, 유튜브 등을 위해 만든 콘텐츠를 온리팬스 용도로 전환해 준다. 처음 온리팬스를 시작하려면 어려울 수 있다. 어떤 콘텐츠가 유료화될 수 있을지 모르기 때문이다. 그리고 구독자들은 과감히 돈을 지불할 수준으로 개인화된 콘텐츠를 원한다. 이런 측면에서 온리팬스를 시작하고자 하는 인플루언서에게 언룰리가 큰 도움이 된다.

온리팬스의 크리에이터는 팬들에게 보내는 개인적인 메시지나 사진, 비디오 등으로 수익을 올린다. 팬들은 이 같은 개인 메시지를 받는 조건으로 비용을 지불한다. 그래서 온리팬스에 올리는 비디오나 메시지는 일반적인 파일들과 다르다. 이런 이유로 언룰리는 최고 수준의 여행 사진작가와 함께 일하며 인플루언서늘을 위한 사진을 찍는다. 가끔은 할리우드 근처에 집을 빌려 콘텐츠를 제작하기도 한다. 처음에는 무료로 사진이나 비디오를 게재하지만, 어느 정도 인기가 올라가면 유료로 전환한다.

타나 몽고는 지난 2020년 11월 언룰리로부터 받은 트로피 사진을 인스타그램에 올렸다. '최고 수익 300만 달러'를 달성을 기념한 상이다. 언룰리는 정확히 어떤 루트로, 어떤 사진이나 메시지를 포스팅해 이 같은 수익을 달성했는지는 밝히지 않았다. 참고로 300만 달러는 온리팬스나 언룰리에 수수료를 지급하기 전 금액이다.

타나 몽고의 인스타그램

언룰리와 일하는 인플루언서들은 모든 지원을 한꺼번에 하는 원스톱 서비스All-in-One을 선호한다. 하지만 온리팬스와 일하기를 꺼리는 인플루언서들도 많다. 성과 관련한 인식 때문이다. 그러나 언룰리는 이런 논란을 잘 피하며 크리에이터들이 수익을 올릴 수 있도록 돕는다.

미국 연예 주간지 할리우드리포터에 따르면 온리팬스 상위 100위 내 크리에이터들은 해마다 100만 달러 이상을 벌어들이는 것으로 알려졌다. 때문에 할리우드에 언룰리처럼 온리팬스 계정을 관리해주는 기획사들도 많아지고 있다. 일반적인 인플루언서 기획사와 유사하지만, 유료 콘텐트 구독 서비스만을 전문적으로 담당하면서 이에 최적화된 콘텐트를 만들 수 있도록 도와준다는 점이 다르다. 비즈니스 인사이더에 따르면 현재 온리팬스 상위 수익자 중 한 명인 대니 하우드Dannii Harwood도 직접 기획사 O. F. 매니지먼트O.F. Management를 세웠다. 언룰리와 비슷한 회사인데 크리에이터들에게 이 플랫폼에 어떻게 콘텐트를 올리고 돈을 버는지를 알려준다.

우려도 있는 것이 사실이다. 성매매 등과 연계된 플랫폼이라는 평가 때문이다. 패트리온이나 카메오도 팬들을 위한 유료 콘텐트 구독 모델이지만, 온리팬스는 이들과 구성이 완전히 다르다. 그래서 일부 기획사들은 온리팬스에 포스팅을 올리는 것을 반대하기도 한다.

언룰리는 온리팬스에 VIP 상품을 운용 중이다. 온리팬스는 한 달에 5달러에서 50달러 정도의 유료 구독 모델이지만 VIP 서비스는 조금 다르다. 한 번에 100~200달러의 팁을 내고 독점적인 콘텐트나 사진을 받아보는 프리미엄 상품이다. 크리에이터와 가끔씩 문자 메시지를 주고받을 수도 있다. 타나 몽고도 200달러의 팁을 내고 VIP 클럽에 가입하면 무제한 채팅을 할 수 있는 상품을 팔고 있다. 언룰리는 온리팬스 크리에이터의 이름을 딴 상품도 만들고 있다. 기업 협찬도 유치하고 있는데, 성을 상품화한다는 비난에서 벗어나 인플루언서를 앞세운 정상적인 기업 광고 플랫폼으로의 전환을 꿈꾼다.

한편, 포르노 산업은 아이러니하게도 첨단 기술을 가장 빠르게 수용하기도 한다. 온리팬스도 마찬가지다. 크리에이터 비즈니스와 소셜미디어 서비스의 성장으로 급속히 세를 확장했다. 일부 국가에선 코로나 바이러스 대유행으로 성 노동자들의 음성적 거래가 온리팬스를 거쳐 이뤄지기도 했지만, 우려와 달리 미국에서는 합법과 탈법의 경계를 걷는 상황이다. 이미 우리가 알고 있는 많은 크리에이터와 인플루언서들이 온리팬스 계정을 만들었다. 카디 B Cardi B, 타이가 Tyga, 오스틴 머혼 Austin Mahone, 타일러 포시 Tyler Posey, 도린다 메들리 Dorinda Medley, 소냐 모건 Sonja Morgan 등 미국에서 유명한 스타들이 온리팬스 계정을 운영 중이다.

2016년에 5명의 크리에이터로 시작한 이 서비스는 현재 100만 명이 넘는 인플루언서가 계정을 만들어 활동하고 있다. 연간 100만 달러 이상 버는 크리에이터도 100명이 넘는다. 이런 성장은 소셜미디어의 다양한 장점을 채용한 덕분이기도 하다. 온리팬스는 단순히 온라인이나 모바일 앱으로 구독자들과 소통하지 않는다. 대부분의 크리에이터들은 구독자들에게 한 달 5~10달러를 받는데, 연간으로 구독하면 할인을 해주기도 한다. 유료 서비스인만큼, 크리에이터와의 긴밀한 커뮤니케이션도 가능하다. 직접 메시지를 보낼 수 있고 후원을 원하면 팁(최소 5달러)을 줄 수도 있다. 일부 구독자는 무제한으로 팁을 준다.

온리팬스의 창업주 티모시 스토키 Timothy Stokey 는 이전에 'Customs4U'라는 성인 오락 사이트를 만들어 경영한 적이 있다. 이때부터 스토키는 '돈을 낼 만한', 즉 과금 의사를 끌어낼 만한 서비스가 중요하다는 개념을 익혔다.

온리팬스의 매출은 크리에이터의 활동에 달려 있다. 후원이나 구독료 등으로 올리는 매출의 20%를 온리팬스가 가져가는 구조이기 때문이다. 온리팬스는 50만 명의 팔로워가 있을 경우 매달 25,000달러에서 120만 달러(팁 등을 포함해)의 수익이 발생할 것으로 추정하고 있다.

특히 2020년에는 온리팬스 계정을 보유한 크리에이터 상당수가 이 사이트로부터 올리는 수익이 전체 수입의 대부분을 차지할 정도로 중요해졌다. 코로나바이러스 대유행 이후 드라마 제작이 대폭 줄었고 야외 공연 등도 거의 하지 못했기 때문이다. 유명 미국 드라마 〈실리콘밸리 Silicon Valley〉, 〈모던 패밀리 Modern Family〉 등에 출연한 배우 데이비드 페프스너 David Pevsner 는 할리우드리포터와의 인터뷰에서 수입의 상당 부분이 온리팬스에 게재하는 '성인 등급 콘텐트'라고 털어놨다. 그는 지난 2018년부터 온리팬스에서 활동했다.

하지만 온리팬스 계정을 운영 중인 인플루언서들이 경제적인 이유만으로 이 서비스에 참여하는 건 아니다. 팬들과의 소통도 분명 중요하다. 인플루언서들은 이 플랫폼에 콘텐트를 올렸을 때 팬들이 어떤 반응을 보이는지, 어떤 콘텐트를 구매하는지 등을 파악할 수 있다. 그것도 직접적인 메시지를 통해서 말이다. 온리팬스가 다른 성인 서비스보다 안전한 이유는 팬들이 직접 동의해야 과금할 수 있고 포스팅에 달린 댓글이 원칙적으로 대중에게 공개되지 않기 때문이다.

미국 레코딩 예술가이자 소셜미디어 스타인 피아 미아_{Pia Mia}는 한 언론과의 인터뷰에서 "온리팬스 팔로워는 유튜브나 인스타그램 구독자와 또 다른 성격을 가지고 있다."고 설명했다. 그녀는 온리팬스 구독자들과 메시지를 주고받는 데만 하루에 몇 시간을 쓰고 있다. 실시간으로 체크하고 답도 보낸다. 한번은 그녀가 대화 도중 자신의 아마존 위시리스트_{Amazon wish list} 링크를 구독자에게 보냈는데, 한 팔로워가 그녀가 갖고 싶어 한 게임기 전용 케이스를 보냈다. 이에 감동한 미아는 "그들은 팬이자 친구이며 가치를 매길 수 없다. 사실 어느 측면에서는 가족 수준의 연대감을 느낀다."고 말했다.

온리팬스는 팬들에게 성인 전용 콘텐트를 보내는 사이트에서 독점 콘텐트를 제공하는 소셜미디어로의 전환을 꿈꾸고 있다. 사업을 확장해 유럽과 미국에 이어 아시아에도 지사를 개설할 계획이다. 이와 함께 유료 뉴스레터 플랫폼 서브스택이나, 좋아하는 연예인의 작품을 독점 구매하는 모델인 패트리온처럼 크리에이터의 매력을 이용해 다양한 사업을 진행할 예정이다. 인플루언서의 이름을 딴 브랜드나 상품을 기획하는 작업도 진행 중이다.

스토키는 언론 인터뷰에서 "우리의 브랜드를 글로벌시장으로 확장하는 것이 목표다. 성인 콘텐트 중심 엔터테이너뿐만 아니라 일반 메인스트림의 크리에이터들도 신경을 많이 쓰고 있다."고 말했다. "정체성을 잃지 않겠지만 모든 크리에이터들에게 열려 있다." 창업주가 밝힌 온리팬스에 관한 생각이다.

인플루언서 매니지먼트 시장의 성장

코로나바이러스 대유행 이후, 크리에이터와 인플루언서들의 영향력이 더 커졌다. 콘텐트 생산량이나 전문성도 그렇고, 마케팅 플랫폼으로도 한 단계 업그레이드된 느낌이다. 아무래도 각자 집에서 소셜미디어 서비스를 사용하는 빈도가 늘었기 때문이 아닐까 싶다.

크리에이터 중심의 경제도 생겨나고 있는데, 그중 하나가 기획사 및 매니지먼트 비즈니스다. 인플루언서 매니지먼트 비즈니스는 크리에이터의 콘텐트 제작, 기업 협찬, 일정 관리 등 전반적인 영역을 도와주고 수수료를 받는 사업이다. SM이나 JYP 같은 연예기획사와 속성이 같다. 사업을 기획하고 영업을 도와주는 에이전트와 일정 관리 등을 담당하는 매니저로 업무 영역이 나뉘는데, 보통 인플루언서 수입의 10~20% 정도를 수수료로 받는다. 두 영역 모두를 한 회사가 담당하기도 하고, 대형 인플루언서의 경우에는 서로 다른 회사에 에이전트와 매니저 각각의 업무를 맡기기도 한다.

미국의 경우, 인플루언서 매니지먼트 비즈니스가 이미 큰 사업이 됐다. 일정 규모 이상의 인플루언서들은 대부분 매니지먼트 계약을 맺고 창작 활동을 이어가고 있다. 경쟁이 치열하다 보니, 인기가 올라가는 틱톡 스타 등을 두고 영입 경쟁도 치열하다.

코로나바이러스 대유행 이후로 에이전트와 매니저의 역할이 더 커졌다. 경기 침체로 비용을 절감하려는 광고주들을 설득하고 취소된 야외 행사를 대체할 수익원을 찾아야 하기 때문이다. 이 때문에 인플루언서들이 새로운 수익원을 찾아 나서고 있는데, 자신의 브랜드를 이용해 직접 물건을 팔거나 유료 구독 서비스를 내놓기도 한다. 물론 여전히 기업 협찬이 큰 부분을 담당하고 있지만, 정상으로 돌아올 때까지 어떻게든 버텨야 하기 때문이다.

인플루언서 매니지먼트 사업도 점점 전문화되어가고 있다. 특정 영역에 강하거나 브랜드와 강력한 네트워크를 가진 곳이 단연 시장을 장악하고 있다. 할리우드의 3대 연예 에이전트인 CAA, WME, UTA도 인플루언서, 크리에이터를 담당하는 '디지털 전담 부서digital-focused department'를 두고 있다. 최고 인기 크리에이터인 엠마 체임벌린Emma Chamberlain, 데이비드 도브릭David Dobrik도 할리우드 기획사와 일을 하고 있다.

UTA 디지털 매니지먼트 부문 공동 대표였던 그레그 굿프리드Greg Goodfried는 2020년 10월 회사를 옮겨 최고 인플루언서 샤를리 다멜리오의 가족 회사D'Amelio Family Enterprises의 최고 책임자가 됐다. 이 회사는 다멜리오의 동생 딕시Dixie 등 가족 모두가 인플루언서인 이들의 사업을 관리하는 회사다. 샤를리의 부모Marc and Heidi를 포함해 가족 4명의 소셜미디어 구독자 수를 합치면 1억5,000만 명이 넘는다. 굿프리드는 LA타임스와의 인터뷰에서 "나는 인플루언서 비즈니스가 미국 미디어 시장을 흔들어놓을 것으로 본다."고 말하기도 했다.

굿프리드의 이직은 크리에이터 산업의 지형 변화를 보여주는 아주 중요한 사례다. 상황이 이렇다 보니 시장도 커질 수밖에 없다. 인플루언서 매니지먼트 시장에 뛰어든 에이전트들은 그들의 크리에이터들이 물건을 더 많이 판매할 수 있도록 도와주고 기업들과의 협찬 유치에도 적극적으로 나서고 있다.

인플루언서 관련 시장은 수십억 달러 규모로 성장했으며, 사업도 계속 분화되고 있다. 몇몇 인플루언서들은 매니저와 에이전트를 둘 다 고용하고 있다. 상당히 분업화된 형태다. 매니저가 크리에이터의 작업 및 일정 등 일상생활을 돕는다면, 에이전트는 말 그대로 기업과 협상하거나, 광고 유치, TV 시장 진출 등 비즈니스 전략을 제시해주는 역할을 한다. 매니저와 에이전트의 역할이 겹치기도 하지만 시간이 갈수록 분화되는 분위기다. 이들의 역할은 코로나바이러스 이후 더 커졌다. 크리에이터 경쟁이 치열해지고, 일이 과거처럼 단순하지 않기 때문이다.

현재 주요 인플루언서 관리 회사는 LA, 뉴욕, 영국, 캐나다, 텍사스, 올랜도 등에 분포되어 있다. 아무래도 기존 엔터테인먼트 비즈니스가 활성화되어 있거나 인플루언서가 많은 곳이다. 최근 들어 조지아주 애틀랜타 지역에 인플루언서 수가 많아지면서 이쪽 지역에도 기획사들이 늘고 있다.

인플루언서 기획사들은 기본적으로 뷰티, 코미디, 가족, 패션, 라이프스타일, 음악, 과학, 여행, 웰빙, 음식 등을 주요 카테고리로 두고 이들 영역에서 활동하는 크리에이터와 계약을 한다.

소셜미디어 서비스는 틱톡과 유튜브, 인스타그램, 페이스북 등이 메인이다. 그러나 경쟁이 점점 치열해지면서 각자 자신만의 강점 영역을 적극적으로 홍보하기도 한다. 인플루언서들이 점점 분화됨에 따라 기획사들도 전문 영역을 키우는 추세다. 요즘에는 나이트 미디어 Night Media, 스튜디오71 Studio 71 처럼 게임 소셜미디어인 트위치 Twich 에 강한 곳도 등장했다. 뉴욕에 자리한 브리게이드 탤런트 Brigade Talent 의 경우에는 팟캐스터 Podcaster 에 집중하는 몇 안 되는 기획사다.

미국에 비하면 한국은 아직 초기 시장이다. 한국도 연예기획사들이 자사 소속 연예인들을 관리하고 유명 크리에이터들을 영입하기도 하지만, 체계와 다양성 면에서 성장이 필요하다. 전문 인플루언서 기획사들도 속속 나오고 있다. 포털에서 '인플루언서 기획사'를 검색하면 수십 개 기획사가 나온다. 콘텐츠를 만들 생각이 있고 아이디어가 있다면 접촉해보면 된다.

레페리와 디퍼런트밀리언즈는 초기에 시장을 개척한 대표적 뷰티 분야 인플루언서 전문 기획사다. 디퍼런트밀리언즈의 경우, 2020년 11월 현대홈쇼핑과 아모레퍼시픽그룹이 150억 원을 투자했다는 소식이 화제가 되기도 했다. 그러나 아쉬운 점은 아직까지 K뷰티 등 특정 영역에 집중되어 있다는 점이다. 한국의 크리에이터들이 드라마, 게임, 음식 등에 경쟁력이 있는 만큼, 기획사 역시 충분히 성장 가능성이 있다. 영역을 불문하고 전문성이 중요한 시대다.

influencer

뉴스레터 서비스,
인플루언서와 독자를 연결하다

코로나바이러스 대유행 이후, 미국 저널리즘은 큰 변화를 겪었다. 언론사 수익의 가장 큰 부분을 담당하는 광고 분야가 무너지면서 생존의 위협에 몰리고 있다. 때문에 많은 언론사들이 광고를 떠나 구독 모델Subscription로 넘어가려 하지만, 쉽지 않다. 뉴욕타임스가 구독자 600만 명을 돌파했지만, 모든 매체가 뉴욕타임스가 될 수는 없다.

이에 미국 미디어 시장에서 대안으로 떠오르는 분야가 뉴스레터News Letter다. 뉴스레터는 기자들이 직접 소비자에게 이메일을 보내 구독을 유도하는 서비스다. 대부분 각 기자가 취재하는 전문 영역의 이메일을 보내는 방식인데, 뉴스레터를 보내는 기자들이 자신들이 다루는 영역(뉴스)에서 새로운 인플루언서로 자리 잡고 있다. 기자가 인플루언서가 되는 순간이다.

노스캐롤라이나 주립대학교의 조사에 따르면, 2004년에서 2019년

사이, 신문 관련 직업의 절반가량이 사라졌다. 코로나바이러스 대유행 이후 상황은 더 심각해졌다. 미국 전역에서 3만 명 넘는 기자들이 정리해고, 무급휴직 혹은 임금 삭감을 경험했다.

미디어 산업이 어려워지고 사업 모델의 미래가 불투명해지자 소속 기자들도 새로운 삶을 찾아 나서기 시작했다. 이런 분위기를 타고 일부 유명 기자들은 자신의 미디어 혹은 뉴스레터로 활로를 찾고 있다.

뉴미디어 매체 버즈피드Buzzfeed의 기자로 활동한 알렉스 칸트로위츠Alex Kantrowitz는 기술 분야 뉴스레터 서비스Big Technology newsletter를 운영하고 있다. 최근 뉴스레터의 유행에 대해 그는 "언론계의 많은 사람이 코로나바이러스 대유행 이후 생각을 바꿨다. 미디어 업계에 운명을 맡기기보다 스스로 사업을 운영하기로 한 기자들이 많다."고 언급했다. 현재 칸트로위츠는 뉴스레터 플랫폼 서브스택을 통해 독자들과 만나고 있다.

코로나바이러스 대유행 이후 미국에서 칸트로위츠와 같은 기자들을 만나기란 어렵지 않다. 이른바 잘 나간다는 유명 전문기자들이 전통 미디어를 나와 자신의 사업을 시작하고 있다. 케이시 뉴튼Casey Newton, The Verge, 조쉬 콘스틴 Josh Constine, TechCrunch, 앤드류 설리번Andrew Sullivan, New York Magazine, 에밀리 앳킨Emily Atkin, The New Republic, 앤 헤렌 페터슨Anne Helen Petersen , Buzzfeed, 맷 타이비Matt Taibbi, Rolling Stone 등이 대표적이다. 한국에서는 유명하지 않지만, 미국 내에서는 각 분야에서 손꼽히는 전문기자들이다. 이들이 회사라는 울타리를 벗어나 독자 네트워크를 이용해 뉴스레터를 서비스하고 있다.

뉴스레터 시장에 뛰어드는 기자들이 늘어나면서 관련 플랫폼 시장도 커지고 있다. 뉴스레터를 모아서 독자들에게 전달해주는 유통 플랫폼도

Big Technology

What a President Biden Would Do to Big Tech

What the big tech antitrust report would mean with Biden in charge.

Alex Kantrowitz ♡ 8 ⬚2

New   Top   Community   What is Big Technology?

알렉스 칸트로위츠의 뉴스레터

있다. 서브스택이 대표적이다. 서브스택은 뉴스레터 콘텐트를 만들 수는 있지만 유통망이 없는 크리에이터들과 함께 일한다. 이들을 위해 편집을 비롯해 독자적인 뉴스레터 리스트를 만들어주고, 콘텐트 관리 시스템, 홈페이지, 과금 서비스 생성 등 개인 사업자들을 위한 다양한 편의도 제공하고 있다.

서브스택은 뉴스레터 구독자를 유료 독자로 전환하기를 희망하는 소규모 미디어에 적합하다. 2021년 1월 현재 25만 명의 유료 구독자를 보유하고 있는데, 한국에는 아직 유사한 모델이 없다. 뉴스레터 서비스는 기자들을 전문 분야 크리에이터로 만들어주고 있다. 전문성이 있음에도 기존 매체의 명성에 기대고 있던 기자들이 뉴스레터를 만나면서 새로운 생명을 부여받고 있다.

미국 뉴스레터 시장은 지금 형성기다. 아직 다양성이 부족한 것이 현실이다. 현재 뉴스레터 시장을 장악하고 있는 미디어(작가)들을 몇 단어로 정리하면, 'IT기술' '비즈니스' '정치'다. 이들 분야에서 작가들이 전문 지식을 바탕으로 깊은 분석을 선보이고 있다. 일부 프리랜서 기자들은 자신들의 네트워크를 이용해 단독 기사를 내보내기도 한다.

최근 들어 뉴스레터 크리에이터(기자 등)의 영역이 넓어지고 있다. 지금까지 사회부, 탐사보도, 법조 등 일반 기자들은 프리랜서 시스템에 잘 맞지 않다고 보았지만, 뉴스레터 독자층이 넓어지면서 해당 영역의 기자들도 뉴스레터 독자를 찾기가 쉬워졌다.

뉴스레터 서비스의 장점은 분명하다. 만들기 힘들지만 한번 구축하면 보상이 상당하다는 점이다. 충성도 높은 독자층은 안정적인 수입을 만들어준다. 뉴스레터로 성공하기 위해서는 꾸준함과 비즈니스 마인드가 있어야 한다. 칸트로위츠는 미국 언론과의 인터뷰에서 "뉴스레터 서비스를 하기 위해서는 기업인의 자세가 필요하다. 사업의 부침을 감당할 준비가 되어 있어야 한다."고 설명했다.

뉴스레터의 성공은 일정 수준의 구독자를 구축하는 데서 시작한다. 미국에서는 최소 1,000명 이상의 유료 독자가 수익화의 마지노선으로 여겨진다. 미국 유명 뉴스레터 파퓰러 인포메이션Popular Information의 운영자인 저드 레굼Judd Legum은 전문 매체 악시오스AXIOS와의 인터뷰에서 "특히 첫 1,000명의 구독자를 확보하는 것이 중요하다. 이 수치 달성에 얼마나 많은 시간이 걸리는 지가 수익화의 관건이다."라고 언급했다. 기자 출신인 레굼은 기술전문지 씽크프로그래스ThinkProgress의 편집장으로 일한 경험이 있다.

서브스택의 운영 방식은 간단하다. 구독을 통해 수입을 올리는 것이다. 미국 유료 뉴스레터 서비스 이용 가격은 연간 60~100달러 수준이다. 오디언스를 많이 모을수록 당연히 수익이 크다. 서브스택은 이 과정에서 수수료를 챙긴다. 기자들이 서브스택을 통해 뉴스레터를 보내면 플랫폼(서브스택)이 10%의 관리 수수료를 받는 대신 다양한 부가 서비스를 제공한다. 이 중에는 법률 서비스legal defense service 등도 포함된다. 케이블TV 사업자와 채널 같은 관계다. 서브스택은 광고가 아닌 100% 구독 기반이다.

사실 뉴스레터에서 수익을 올리는 일은 쉽지 않다. 이는 서브스택 플랫폼 창업주도 인정하는 포인트다. 창업주 중 한 명인 해미시 매켄지Hamish McKenzie는 "서브스택에서 한 달에 5달러를 내는 구독자 수천 명 모을 경우 10만 달러를 벌 수도 있다. 물론 쉽지는 않다. 시간과 정성이 필요하지만, 과거에 비해 가능성이 높은 편"이라고 설명했다.

독자들과 끈끈하고 직접적인 관계를 가질 수 있는 점도 서브스택의 장점이다. 일방적인 정보 전달에 익숙한 전통 언론과 달리 서브스택은 상호보완적이다. 작가들은 구독자 리스트를 저장하고 자신의 결제 계정을 소유할 수 있어 가입사와 상호보완적인 관계를 구축할 수 있다.

이런 개방성이 서브스택을 성장시켰다. 작가들은 중간 업체 없이 구독자들과 직접적인 비즈니스 관계를 만들 수 있다. 분야의 다양성도 이점이다. 뉴스레터는 매출이나 시장의 문제로 기존 레거시 미디어가 다루지 못한 시장을 커버할 수 있다. 구독 모델이기 때문에 구글이나 페이스북 등 온라인 플랫폼에도 일정 수준 자유롭다.

단점도 있다. 직접적인 피드백의 부재다. 뉴스레터 플랫폼의 경우 독자들로부터 직접적인 피드백을 받기 어려운데, 메일을 보내고 나서 실제로 열어 본 비율이 얼마나 되는지도 알기 어렵다. 진입 장벽도 낮다.

그러나 구독 서비스 시대가 본격화된 지금, 독자를 잡기 위해 뉴스레터에 몸을 맡기는 기자들이 점점 늘어날 것이다.

한국은 아직 뉴스레터 시장과 구독이 활발하지 않다. 많은 신문사와 방송사들이 관련 서비스를 내놓고 있지만, 전문성과 지속성이 떨어진다. 그러나 한국도 이런 트렌드를 따라갈 것이라는 관측은 여전히 유효하다. 소셜미디어 서비스, 숏폼 동영상 플랫폼 등이 늘어남에 따라 기존 매체의 독자가 줄어들고 있기 때문이다. 그들이 오지 않으면 우리(기자 및 매체)가 가야 한다.

influencer

크리에이터 앞세워
유료 뉴스레터 확대하는 포브스

경제 잡지 포브스Forbes가 기자들에게 유료 뉴스레터를 허용하고 그 수익을 회사와 나누는 유료 뉴스레터 플랫폼을 론칭한다. 이같은 유료 시스템은 포브스 103년 역사상 처음이다.

미국 악시오스의 보도에 따르면, 포브스는 20~30명의 작가 크리에이터를 고용할 계획이다. 경제, 통신, IT 등 다양한 분야의 전문성 있고 소셜미디어 팔로워를 어느 정도 보유한 작가, 크리에이터들이 선발 대상이다. 포브스는 이들을 앞세워 전문성과 깊이를 갖춘 유료 뉴스레터를 구축한다는 계획이다.

이 아이디어는 포브스 뉴스룸에 큰 변화를 가져올 것으로 보인다. 포브스는 일단 작가들에게 뉴스룸의 일원으로 마케팅 지원, 편집과 수익 배분 등의 서비스를 제공한다. 이와 함께 이들에게 충분한 콘텐트 제작 자율권editorial independence을 줄 예정이다. 크리에이터의 구독자와 팔로워를 포브스로 끌어오는 것이 1차 목표다. 이 프로그램에 참여하는 작가들은 뉴스레터 구독 수입을 포브스와 50:50으로 나눠 갖는다.

그들은 또한 광고 매출도 일정 수준 배분받는다. 포브스의 CCO 랜달 레인Randall Lane은 "광고 수입 배분은 뉴스레터 페이지뷰Page Views나 반복 구독recurring page views 등에 의해 결정될 것이다. 우리는 이들 기준에 의해 작가들에게 일정액의 수익을 배분할 것"이라고 악시오스와의 인터뷰에서 밝혔다. 페이지뷰나 반복 구독은 독자의 충성도를 보여주는 대표적인 지표다. 또 포브스는 수익과 관련하여 포브스 정규직 직원 임금의 최소 수준을 보장하고 법률 지원과 편집 지도, 팩트 체킹 등의 서비스도 제공한다.

주요 언론사가 이 같은 개방형 수익 배분 시스템을 구축하는 것은 포브스가 처음이다. 프리랜서 등과의 계약을 통해 외부 콘텐트를 받는 기고 시스템과는 또 다르다. 어떻게 보면 드라마, 교양 등 영상 콘텐트 프로그램에 적용되는 외주 제작과 유사하다. 그러나 50:50의 수익 배분은 외주 제작보다 훨씬 파격적인 조건이다. 최근 미국에서 인기를 끌고 있는 뉴스레터 플랫폼 서브스택과도 다르다. 서브스택의 경우, 독자들로부터 직접 수익을 얻기 때문에 뉴스레터 콘텐트 검열 정책이 매우 느슨한 편이다.

종합해보면 외주 제작 시스템과 뉴스레터의 중간 지점에 포브스의 개방형 뉴스레터 시스템이 존재한다고 볼 수 있다. 기존 뉴스레터보다는 포브스의 편집권이 더 작동하지만, 그렇다고 완전히 포브스의 색깔이 드러나는 것은 아니기 때문이다. 따라서 기술, 문학 등 다양한 분야를 커버하고 있는 전문가들에게는 분명히 매력적이다. 자신의 글이 100년 역사의 포브스 브랜드와 함께 노출될 기회를 가질 수 있기 때문이다. 물론 정치 분야에서는 독립적으로 뉴스레터를 발행할 때보다 자율성이 낮고 자체 검열도 발생할 수 있어 매력이 떨어질 수 있다.

포브스는 크리에이터 몇 명을 고용해 5~6개 뉴스레터를 보내며 새로운 포맷을 실험 중인 것으로 알려졌다(2021년 1월 현재). 소비자 기술 이슈는 휴스턴 크로니클Houston Chronicle의 테크 분야 유명 에디터인 드와이트 실버맨Dwight Silverman이 담당한다. 포브스 엔터테인먼트 분야 기고자이기도 한 스코트 멘델슨Scott Mendelson은 영화 비즈니스와 관련한 뉴스레터를 내보내고, 여행 전문 기고자 수잔 로완 켈레허Suzanne Rowan Kelleher는 명품 여행을 주제로 뉴스레터를 쓸 계획이다.

이런 개방형 뉴스레터 혹은 뉴스룸 모델은 기존 기자들에게 달갑지만은 않다. 자신들의 자리를 위협할 수 있기 때문이다. 포브스는 현직 기자 중에서도 뉴스레터 적임자를 선발해 서비스한다는 계획이다. 그러나 회사는 그 분야에서 매우 전문적인 식견을 가진 사람을 찾는 것이 이번 개방의 목표라는 점을 분명히 했다. 소속 기사들노 전분성이 떨어지면 대상자에서 제외하겠다는 뜻이다.

론칭 시점은 2021년 2분기쯤으로 보인다. 향후 포브스는 이 같은 유료 뉴스레터 서비스를 브랜드화 해 '포브스 프랜차이즈'의 핵심으로 키울 생각이다. 벤처 캐피털과 관련한 뉴스를 제공하는 마이다스 리스트Midas List, 스포츠 분야를 집중 취재하는 스포츠머니SportsMoney 등이 대상이 될 수 있다.

전문가들은 개방형 뉴스레터 시스템이 포브스에 상당한 구독 수익을 안겨줄 수 있다고 전망한다. 매체가 아니라 기자들을 구독하는 시대가 점점 다가오고 있기 때문이다. 또 뉴스레터를 통해 지금처럼 광고, 각종 행사, 스폰서 유치 등이 가능하다고 보고 있다. 이를 위해서는 서비스 가격이 매우 중요한데, 포브스는 향후 작가들과 협의를 거쳐 구독료를 결정할 생각이다. 다만 현재 포브스의 유료 구독자와 뉴스레터 구독자는 구분할 계획이다. 유료 구독자라도 뉴스레터를 무료로 받아볼 수는 없다는 뜻이다.

물론 포브스 앞에 꽃길만 있는 건 아니다. 미국 테크 분야 저널리스트나 미디어 기업들이 뉴스레터 시장에 잇달아 뛰어들고 있기 때문이다. 경쟁이 치열해진다는 이야기다. 포브스는 2020년에 59명의 직원을 뽑았다. 기자뿐만 아니라 디자인과 마케팅을 담당하는 인원들도 고용했다. 코로나바이러스 대유행으로 미국 전역에 대규모 무급휴직과 해고 바람이 불었는데, 이와는 다른 흐름이다. 이에 대해 포브스는 재도약을 위한 투자라고 이야기한다. 새로운 구독 경제를 향한 시도인데, 아직은 투자 기간이라는 설명이다.

한편, 포브스는 이 같은 플랫폼 저널리즘에 긴 역사를 가지고 있다. 2018년, 포브스는 메이저 언론사 중 처음으로 블록체인을 통해 모은 정보와 글을 이용해 뉴스 제작을 시도했다. 결과가 성공적이지는 못했지만, 소중한 경험임에는 틀림없다. 그때의 실패가 없었다면 지금의 뉴스레터도 나오지 못했을 수 있다.

한국에서는 아직까지 이 같은 오픈형 뉴스룸, 플랫폼 저널리즘이 나오지 않고 있다. 신문은 순혈주의가 강하고 방송은 정부 규제가 이를 가로막고 있다. 한국 방송법은 편성의 자유를 인정하면서도 보도 등 핵심 자원은 '방송의 독립성'이라는 이름으로 외부인의 참여를 개입으로 판단하고 막고 있다. 그러나 소셜미디어 서비스와 유튜브가 사실상의 미디어 역할을 하는 지금, 오픈 저널리즘은 다시 한번 고민해봐야 할 문제다. 구독자들의 만족도와 콘텐트의 질적 상승을 위해 어느 정도의 플랫폼 개방은 필요해 보인다.

influencer

온라인 교육 플랫폼,
인플루언서의 강의를 돕는다

코로나바이러스 대유행이 시작된 2020년 봄. 인플루언서 산업도 큰 혼란에 빠졌다. 각종 이벤트가 취소되고 기업들의 홍보 예산도 대폭 줄었다. 개별 인플루언서들도 타격을 입은 건 당연하다. 그러나 일부 인플루언서들은 어떻게 하면 집에서 돈을 벌 수 있을지 고민했다. 이에 대한 답은 다양했다. 집에 갇혀 있는 팔로워들을 대신해 체험에 나서거나 온라인 쇼핑몰이나 오프라인 마케팅을 기업과 함께 기획하기도 했다. 대안 중 하나는 온라인 강의와 웨비나Webinars(웹 세미나)다. 오프라인 대면 모임이 줌 미팅으로 대체된 이 시기, 인플루언서들에게 온라인 강의와 웨비나가 새로운 수익원으로 부상했다.

인플루언서 매니지먼트 기획사 네온 로즈Neon Rose의 CEO 에린 커틀러Erin Cutler는 비즈니스 인사이더와의 인터뷰에서 "상황이 바뀌자 인플루언서들은 인스타그램 등 온라인 소셜미디어에서 행사(교육)를 여는 방법을 찾았다."고 설명하기도 했다.

대표적인 온라인 행사 중 하나가 '강의'다. 커틀러는 '인플루언서의 비밀The Influencer Secrets'이라는 디지털 코스를 21만6,000여 명의 팔로워를 가진 인플루언서 소피 자피Sophie Jaffee와 함께 열었다.

인플루언서를 기획하고 발굴하는 본인의 전공을 살려, 인플루언서로 성공하기 위해 팔로워를 어떻게 관리해야 하고, 콘텐트나 사이트를 어떻게 만들어가야 하는지 알려주는 일종의 '인플루언서 온라인 학교'를 개설한 것이다. 강의는 싱키픽Thinkific이라는 온라인 스트리밍 회의 및 교육 플랫폼에서 진행됐다. 줌을 통한 회의와 달리, 싱키픽과 같은 교육 플랫폼은 결제 시스템도 갖추고 있어서 유료 세미나를 열 수 있다.

코로나바이러스 대유행 이후 미국 인플루언서들이 온라인 교육 시장에 뛰어들고 있다. 계정 운영 노하우부터 쿠킹, 운동, 교육 등 분야별 교육 강좌도 개최하고 있다. 피트니스 인플루언서들은 집에서 운동하는 법을 가르치고, 음식 블로거들은 요리 수업을 개설하고, 원예 관련 인플루언서늘은 집에서 정원을 가꾸는 법을 알려준다.

코로나바이러스 대유행이 인플루언서들에게 온라인 교육 시장으로의 진출을 유도한 셈인데, 비즈니스 모델로도 괜찮다. 광고 모델이나 협찬처럼 외부 지원에 의존하지 않아도 된다는 매력이 있다. 강의 시스템을 한번 잘 만들어놓으면 지속적인 매출이 일어난다는 것도 큰 장점이다. 인플루언서들의 강의는 예전에도 있었지만, 지금은 상황이 조금 다르다. 과거에는 상당수가 오프라인 행사였고, 종류도 다양하지 않았다.

꽃이나 실내 식물 재배법을 소개하는 플랜트 인플루언서Plant influencer 대릴 쳉Darryl Cheng은 2020년 말 현재 56만 명의 인스타그램 팔로워와 31

만 명의 유튜브 구독자를 보유하고 있다. 대릴 쳉은 2020년 여름에 하우스 플랜트 핵심 강의(온라인)를 시작했다. 집에서 작물을 기르는 노하우와 관리법 등을 소개하는 유료 온라인 강좌다. 처음 유료 강의를 시작할 때는 걱정도 있었다. 그러나 강의 후 팔로워들에게 만족도를 질문했더니 생각보다 반응이 좋았다. 실질적인 관리 노하우와 평소 궁금했던 부분을 해소할 수 있는 계기가 됐다는 답이 많았다. 그래서 온라인 강의가 팔로워들의 궁금증을 해결해줄 수 있고, 자신에게는 전문 지식으로 돈을 버는 방법이 될 수 있다는 사실을 깨달았다. 이와 동시에 팔로워를 늘려주는 효과도 있었다. 실시간으로 반응을 파악할 수 있는 소셜미디어의 특성상 강의 방식도 차별화할 수 있었다. 어떤 사람들은 빠른 조언을 원하지만, 특정 작물에 대해 집중적으로 교육받기를 원하는 사람들도 있었다. 그러면 그들의 반응이나 수준에 맞춰 새로운 수업을 진행하면 된다. 그 이후 온라인 강의 플랫폼 티처블Teachable을 통해 매달 2,000달러를 받고 수업을 개최하고 있다.

인플루언서들의 온라인 교육이 늘자 관련 서비스를 제공하는 플랫폼도 늘고 있다. 대부분은 온라인 교육과 관련한 기본적인 서비스를 제공하고 수업료 일부를 가져가는 구조다. 교육 지원 서비스의 장점은 크리에이터들이 수업 이외의 다른 부분(과금, 수강생 관리 등)을 신경 쓸 필요가 없다는 점이다. 특히, 수업 이후 VOD 형태로 계속 온라인 강의를 제공하는 곳도 많아 롱테일로 추가 수입을 올릴 기회도 있다.

온라인 강의 개설과 판매를 지원하는 플랫폼인 카자비Kajabi는 2020년 한 해 동안 크리에이터들이 온라인 강의로 15억 달러 이상을 벌어들였다고 밝혔다. 이 회사의 CEO인 케니 류터Kenny Rueter는 언론 인터뷰에서

"2020년 들어 온라인 강의가 급증했다. 해마다 10억 명 이상이 유·무료 강의를 듣고 있다."고 말하기도 했다.

코로나바이러스 대유행 이후 각종 야외 시설이 폐쇄되고 야외 활동이 제한되면서 인플루언서의 온라인 강의에도 몇 가지 새로운 트렌드가 나타나고 있다. 경제 전문지 비즈니스 인사이더는 홈 피트니스home fitness, 소프트웨어 활용software fluency, 자기 계발 코스personal development courses가 최근 뜨고 있는 대표적인 영역이라고 보도했다. 경쟁이 치열해지고 있지만, 팔로워들이 다양한 크리에이터의 콘텐트를 구독하는 만큼 아직까지는 제로섬 게임이 아니라고 지적했다.

한편, 비즈니스 인사이더는 인플루언서들이 강의나 웨비나, 디지털 이벤트를 위해 사용하는 디지털 교육 플랫폼 중 대표적인 10개를 선정했다. 이들 디지털 교육 지원 플랫폼은 온라인 과금 대행, 디지털 교육 콘텐트 업로드 및 오디언스 관리, 분석 데이터 제공 등 기본 기능이 대부분 유사하다. 그러나 각 플랫폼마다 집중하는 영역이 조금씩 다르다. 그래서 이용하는 식종노 조금씩 차이가 난다. 한국에도 인플루언서 마케팅 대행 기획사는 많지만, 이렇게 전문적으로 서비스하는 대행 플랫폼은 흔하지 않다. 각 서비스의 공통점과 차이점을 소개한다. 물론 한국의 인플루언서들도 이들 서비스를 이용할 수 있다. 일부 서비스는 이미 한국에도 진출했다.

| 클릭 퍼넬 ClickFunnels | https://www.clickfunnels.com/

소상공인이나 크리에이터들이 웹사이트 등을 구축해 그들의 물건이나 세미나, 교육 코스, 웨비나 등을 팔거나 제공할 수 있게 도와주는

툴Tool이다. 강의와 함께 연관 상품을 판매하고 싶다면 클릭 퍼넬을 통해 쉽게 세팅이 가능하다.

| 호핀 Hopin | https://hopin.com/

크리에이터들이 대규모 이벤트나 컨퍼런스, 강의, 웨비나 등을 개최할 수 있는 버추얼 이벤트 플랫폼. 티켓 판매의 7%를 수수료로 징수한다. 라이브 스트리밍 기능을 이용해, 강의나 웨비나를 소셜미디어 플랫폼에서 실시간으로 진행할 수 있다. 더 많은 오디언스를 모으기 위한 독점 콘텐트 제공 기능도 탑재했다.

| 카자비 Kajabi | https://kajabi.com/

크리에이터들이 온라인 교육 코스를 만들고 판매하고 회원 관리 사이트를 구축할 수 있도록 도와주는 통합 온라인 교육 플랫폼An all-in-one platform이다. 다른 플랫폼에 비해 상대적으로 가격이 비싼 편이지만, 온라인 교육 비즈니스 교본이나 웹사이트 탬플릿, 무제한 호스팅Hosting, 콘텐트 관리 시스템, 서비스 유료화를 위한 디테일한 분석 등 종합 컨설팅 서비스가 제공된다.

| 마이티 네트워크 Mighty Networks | https://www.mightynetworks.com/

크리에이터와 팬들의 정서적 교감을 강조하는 온라인 강의와 커뮤니티 플랫폼이다. 크리에이터와 팬들을 연결해주는 툴로 시작했으며, 이후 크리에이터들의 요청으로 강의 호스트 기능이 추가되었다. 경쟁 서비스들보다 정서적 연결성이 강하다.

| 패트리온 Patreon | https://www.patreon.com/

크리에이터들이 유료 콘텐트를 제공하고 팬들이 구독할 수 있게 한 멤버십 플랫폼이다. 팟캐스터, 일러스트레이터, 뮤지션, 교육자 등 다양한 직업군의 콘텐트 제작 지원이 가능하다. 크리에이터는 자신의 처지에 맞게 다른 가격대의 상품군을 구성할 수 있다.

| 포디아 Podia | https://www.podia.com/

소상공인이나 콘텐트 크리에이터를 위해 온라인 강의부터 e북까지 다양한 버추얼 서비스 관련 패키지를 제공하는 플랫폼으로 연설 등 지식 서비스에 최적화되어 있다. e북, 디지털 강의 다운로드, 멤버십, 웨비나 개최 등 다양한 온라인 콘텐트를 패키지 코스로 제공한다.

| 스퀘어스페이스 Squarespace | https://www.squarespace.com/

멤버십 서비스를 확장한 웹사이트 구축과 세미나 호스팅 플랫폼과 관련한 다양한 탬플릿을 제공한다. 웹사이트 구축 툴로 알려진 만큼, 기술 전문가 크리에이터들의 고객(팔로워나 팬) 요구에 따라 사이트를 최적화시키는 기능을 제공한다. 기술이나 예술 전문직에게 유리하다.

| 티처블 Teachable | https://teachable.com/

강의를 위한 웹사이트 구축과 e북 등 온라인 제품 제작을 지원하는 서비스다. 크리에이터들이 구독이나 협력을 통해 수익을 올릴 수 있도록 협력 프로그램affiliate program을 진행하고 있다. 구독을 원하는 오디언스들이 원하는 크리에이터를 검색할 수 있는 시스템이 구축되어 있다.

| 싱키픽 Thinkific | https://www.thinkific.com/

강의 등 온라인 유료 지식 공유에 특화된 플랫폼이다. 온라인 강의를 진행하고 상품을 마케팅하고 판매할 수 있는 사이트 구축도 지원한다. 다소 고가지만 지원 퀄러티가 높다. 크리에이터가 자신의 콘텐트를 개발할 수 있도록 개별 전문가를 배치한다.

| 유데미 Udemy | https://www.udemy.com/

온라인 강의 마켓 플레이스로 전문가, 학교 등과 연계한 강의에 특화되어 있다. 3,500만 명 이상의 학생, 1억1,000만 분 이상의 비디오, 57,000명이 넘는 인스트럭터, 13만 개 이상의 코스를 제공하고 있으며, 한국어 포함 65개 언어로 서비스한다.

기술은 엔터테인먼트 산업을
얼마나 민주화했나

해마다 한국에서만 1만여 명이 참석하는 세계 최대 가전 전시회 CES. 2021년에는 코로나바이러스 대유행의 여파로 온라인으로만 진행됐다. 그러나 그 열기는 식지 않았다. CES2021의 경우, 한국이 중국을 제치고 참가 업체 수 기준 2위를 기록했다. 미국이 당연히 1위이고, 미국과 관계가 좋지 않은 중국 기업들이 하드웨어 기기 위주로 전시하다 보니 이런 결과가 나왔다.

행사를 비대면으로 진행함에 따라 이전과는 진행방식 등에서 다른 부분이 있었다. 이전에는 주로 각 기업의 전시가 주목받았지만, 2021년에는 트렌드를 분석하고 예견하는 전문 세션 쪽에 눈길이 집중됐다. 미디어 분야도 마찬가지였다.

CES2021 미디어 분야 주제를 요약해보면 '스트리밍 서비스의 확산', '틱톡 등 소셜미디어 전성시대', '비대면 상황에서 엔터테인먼트 분야 창

닉 트랜과 에디슨 래의 CES2021 세미나 섹션

작자와 고객을 연결하는 법' 등으로 볼 수 있다. 이 중에서 코로나바이러스 대유행 이후 틱톡, 인스타그램 등 소셜미디어 서비스의 확산이 다양한 분야에서 중요하게 논의됐다. 접촉 불가능한 상황에서 소셜미디어는 마케팅에서부터 광고, 공연 분야까지 활용되지 않은 영역이 없을 정도였다. 소셜미디어의 이 같은 영향력이 언제까지 이어질 것이며, 소셜미디어 서비스가 기존 미디어 권력을 어떻게 해체하고 있는지에 대한 논의도 CES2021에서 다루어졌다.

이 중 한 섹션이 있었는데, 틱톡 유명 인플루언서인 애디슨 래Addison Rae와 틱톡 글로벌 마케팅 부문 대표 닉 트랜Nick Ttran이 진행한 '기술은 엔터테인먼트 산업을 얼마나 민주화했나? How Technology is Democratizing Entertainment?'였다. 주 내용은 이름 그대로 기술(소셜미디어 서비스)이 우리가 알고 있는 세상을 어떻게 바꿔 놓았는지, 직접 그 작업을 진행하고 또 참여하고 있는 크리에이터로부터 자신의 생각을 들을 수 있는 자리

여서 큰 의미가 있었다.

그동안 엔터테인먼트 산업은 상당히 노동 집약적이고 자본 집약적이었다. 그러나 기술 발전으로 소셜미디어 서비스가 확산되면서 이 산업이 완전히 다른 방식으로 바뀌고 있다. 그 중심에 틱톡이 있다. 틱톡은 2020년 한 해 동안 가장 많이 다운로드한 애플리케이션일 정도로 젊은 이들의 생활에 없어선 안 될 플랫폼이다.

틱톡이 만든 변화에 대해 에디슨 래는 "이제 모든 사람이 스타가 될 수 있다."고 말한다. 자신도 틱톡에 영상을 올린 것이 의도적이지 않았고, 우연한 계기로 시작하게 됐다고 털어놓았다. 물론 평소 배우 쪽에 관심이 많았지만, 가족들 앞에서 하던 립싱크와 연기 장면 등을 담은 영상을 꾸준히 올렸더니 반응이 왔고, 그 반응이 계속 불어나 지금이 됐다고 언급했다.

이에 대해 틱톡의 글로벌 마케팅 대표인 닉 트랜은 "틱톡은 이제 음악이나 영화, 댄스 등에서 벗어나 우리 대중문화에 가장 큰 영향력을 발휘하는 매체가 됐다."고 설명한다. 때문에 기존 TV나 영화, 스포츠 분야에서 활약하던 스타들도 틱톡으로 진출하고 있다. 물론 반대 방향도 많다. 에디슨 래도 틱톡에서 벗어나 영화나 드라마로 나아간다.

닉 트랜이 에디슨 래에게 앞으로 5년 뒤 계획을 물었다. 에디슨 래는 이에 대해 구체적인 숫자 대신 명확한 방향으로 답했다. "아직 확실히 말할 단계는 아니지만 내 플랫폼을 이용해 다양한 창작 활동을 하고 싶다."고 말이다. 그녀가 이렇게 말할 수 있는 건 이미 그녀가 플랫폼이 됐기 때문이다.

미국 루이지애나 출신의 에디슨 래는 자신이 운영하는 소셜미디어 전반에 걸쳐 1억 명이 넘는 팔로워를 보유하고 있다. 틱톡의 경우, 2020년 말 현재 7,000만 명이 넘는 팔로워를 보유하고 있고, 인스타그램 3,200만 명, 트위터와 유튜브에도 각각 450만 명과 440만 명 정도의 구독자가 있다. 구독자는 당연히 이 글을 쓰는 순간에도 늘고 있다.

　이처럼 막강한 구독자 수를 앞세워 2019년에는 천연화장품 회사 아이템 뷰티 ITEM Beauty 를 공동 설립했다. 팟캐스트에도 진출해 스포티파이 Spotify 에서 그의 어머니와 함께 방송한 〈Mama Knows Best〉가 론칭 이후 청취율 역대 10위 안에 드는 프로그램에 선정됐다. 현재 에디슨은 아마존, 리복, 미우미우 등의 브랜드와 협찬 계약을 맺었고, 파라마운트 영화사의 시트콤 영화 〈히즈 올 댓 HE'S ALL THAT〉에도 출연한다. 소셜미디어 틱톡에서 시작해 메인스트림 엔터테인먼트 플랫폼 영화까지 진출한 것이다. 이하는 닉 트랜과의 인터뷰 일문일답이다.

닉 트랜　　스마트폰 등 기술 발전으로 많은 변화가 있다. 이런 기술 발전이 크리에이터들에게 어떤 의미가 있나?

에디슨 래　틱톡을 시작한 지 1년쯤 됐다. 연기나 음악 같은 걸 좋아했는데, 가족에게 하는 행동을 그냥 녹화해 올렸다. 그게 대박이 났다.

닉 트랜　　틱톡이 여타 플랫폼과 다른 장점이 있나?

에디슨 래　전략적으로 생각해보지 않았고, 재미를 찾는 다양한 방법이 있는 것 같다. 그래서 여러 포맷을 섞어서 사용하고 있다. 특히, 틱톡은 자신의 솔직한 모습을 필터 없이 보여줄 수 있는 것 같다.

닉 트랜　　보통의 경우, 연예인들은 작품을 통해 소통하고 크리에이터는 콘텐츠를 올려서 소통한다. 둘의 차이점은 무엇인가?

에디슨 래   소셜미디어는 리얼 타임으로 소통할 수 있다. 바로바로 반응이 온다.

닉 트랜   소셜미디어와 전통적인 엔터테인먼트 비즈니스 사이에는 차이가 있다. 소셜미디어에 연예인들이 진출하는 것에 대해 어떻게 생각하는가?

에디슨 래   배우나 가수가 틱톡을 시작하는 걸 보면 무척 신기하다. 틱톡에는 나름의 고유한 문화가 있는데, 이 간격을 지켜보는 것도 재미있다. 틱톡이 음악이나 댄스에서 시작됐지만, 지금은 모든 영역에 침투했다. 정확한 비율을 말할 수는 없지만, 이제 틱톡 스타 10명 중 3~4명은 TV로 진출할 것이다.

PART 3

넥스트 콘텐트

코로나바이러스 대유행 이후 미국 콘텐트 시장은 커다란 변화를 겪었다. 사실 변화라는 단어보다 근본적 변혁기에 왔다는 말이 맞을 듯하다. 대규모 감염병으로 대면 접촉이 어려워지면서 1900년대 초반 이후 표준으로 굳어진 할리우드 스튜디오 시스템에 변화가 왔다. 대규모 세트장에서 큰 스케일로 제작되던 영화, 드라마들은 줌Zoom 을 통한 사전 회의를 거쳐, 최소한의 현장만을 기록했다. 일부 영화는 클라우드 시스템으로 영상을 공유하며 전 세계에서 동시에 만들어졌다.

특히, 코로바이러스 대유행으로 인한 스트리밍, 즉 OTT 서비스의 성장은 새로운 콘텐트 시대를 열었다. 실시간 텔레비전 프로그램이 아닌 다시 보기(VOD)로 소비되는 콘텐트가 더 주목받기 시작했다. 스포츠 프로그램과 다큐멘터리보다는 오랫동안 소비될 수 있는 '스토리'가 있는 드라마Drama 가 인기를 끌기 시작했다.

스트리밍 서비스가 우후죽순처럼 생겨나면서 너도나도 오리지널 콘텐트Original Content를 생산하고 확보하는 데 열을 올리고 있다. 그래서 과거 드라마도 가입자들이 원하면 비싼 가격에 재구매해 스트리밍 서비스에 다시 내놓고 있다. 2020년 7월 서비스를 시작한 NBC유니버설의 피콕Peacock이 대표적이다. 이 스트리밍 서비스는 자사의 시트콤 〈오피스The OFFICE〉를 넷플릭스로부터 매년 1억 달러의 방영권료를 지불하기로 하고 다시 회수했다.

요즘 미국 스튜디오들의 콘텐트 제작 방향은 크게 세 가지다. 정확히 말하면 세 가지 경향을 반영해 만들고 있다. ▲ 코로나바이러스 이후 분위기를 반영한 드라마 및 그 기준에 맞춘 콘텐트 ▲ 텔레비전을 뛰어넘어 스트리밍 서비스에 포커스를 맞춘 콘텐트 ▲ 소셜미디어 서비스 등 뉴미디어 플랫폼에 최적화된 숏폼 콘텐트가 그것이다.

이런 트렌드 변화로 콘텐트의 가치 측정 방법도 바뀌고 있다. 과거에는 가구나 집단 중심의 시청이 대세였지만, 지금은 개인이나 온라인, 인터넷까지의 콘텐트 시청량을 함께 모아 보는 것이 중요하다. 특히, 콘텐트가 상업적인 지형에 발을 딛고 있는 한, 이 같은 가치 측정 방식은 미디어 기업에게 상당히 가치 있는 지표다. 미디어 기업은 콘텐트로 수익을 창출할 수 있어야 미래가 있고, 일반 기업들은 광고 등 마케팅을 위한 매체가 필요하다. IT 기술 발전으로 시청자 개개인을 대상으로 한 타깃 광고도 더욱 정교해지고 있다.

장르별로 보면, 미국에서는 코로나바이러스 대유행 이후 이 질병을 주제로 한 드라마나 다큐멘터리들이 주목받기 시작했다. 처음에는 우울한 방식으로, 그다음은 코로나바이러스를 이겨내는 방식으로 이야기가 전개됐다. 이 트렌드가 2020년을 관통했지만, 세상을 모두 멈춰버린 이

질병이 남긴 상흔은 앞으로도 한참 더 이어질 것으로 보인다.

뒤에서 다시 말하겠지만 영화 시장은 이미 구조적으로 변화했다. 워너미디어Warner Media는 더이상 극장을 최우선으로 영화를 만들지 않는다. 다른 영화사들도 별반 다르지 않다. 한국도 속도는 다르지만 변화 방향이 미국과 같다. 따라서 이를 정리해 보는 일은 매우 의미 있는 작업이다. 새로운 콘텐트를 통해 새로운 미래를 본다.

시대를 반영한 콘텐트,
<판데모니엄>

영국인 가족이 바람 부는 해변을 따라 걷고 있다. 휴가를 보내는 중이다. 2020년은 제숍 Jessop 가족에게 악몽이었다. 코로나바이러스 대유행 때문이다. 가족들은 기분전환을 위해 10월 영국 남서부 해안의 마게이트 Margate 로 여행을 왔다. 그러나 이 여행은 '플랜B'다. 당초에는 미국 디즈니랜드를 방문하기로 예정되어 있었다. 3일간의 요세미티 Yosemite 하이킹도 함께다. 그러나 코로나바이러스가 계획을 완전히 바꿔 놓았다. 뜨거운 태양의 캘리포니아가 봉쇄됐다. 가족들이 캘리포니아 대신 을씨년스런 영국의 해변 마을을 걷는 이유다.

아버지 폴은 우울하다. 그가 운영하던 양궁 클럽은 문을 닫았고, 이제는 직업도 없는 백수다. 그의 아내 레이첼은 기분전환도 하고, 이번 여행이 그들 부부생활에 활력을 불어넣는 계기가 되었으면 하고 바란다. 그래서 속옷도 따로 챙기고 성생활을 돕는 도구도 챙겨왔다. 그러나 레이

코로나바이러스 시대상을 그린 영국 드라마 〈판데모니엄〉

첼이 원하는 대로 상황이 흘러가지 않는다. 폴은 그녀에게 조용히 말한다. "아직 준비가 안 됐어." 신체적인 문제라기보다는 코로나바이러스로 인한 심리적인 불안이 그를 그렇게 만들었다. 영국 공영방송 BBC가 코로나바이러스 이후를 배경으로 만든 드라마 〈판데모니엄 Pandemonium〉의 파일럿 에피소드에 등장하는 내용이다.

2020년 12월 30일 방영된 이 30분짜리 코미디 드라마는 많은 화제를 낳았다. 코로나바이러스로 바뀌어버린 일상을 담담하게 그렸기 때문이다. 드라마는 시종일관 코믹하지만 슬프다. '많은 법칙이 바뀌었지만 우리는 또 살아내야 한다.' 이것이 이 드라마가 우리에게 주는 교훈이다. '코로나바이러스 상황에서 웃음을 잃지 않을 수 있는가?' '분노와 좌절을 뒤로하고 다시 즐겁게 살아갈 수 있는가?' 이 드라마가 우리에게 던지는 질문이다.

〈판데모니엄〉이 코로나바이러스를 소재로 한 첫 작품은 아니다. 유명

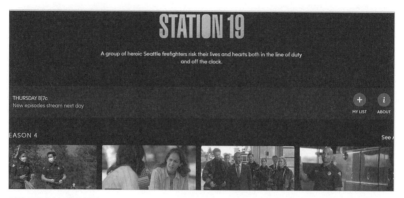

미국 드라마 〈스테이션 19〉

의학 미국드라마 〈그레이 아나토미 The Grey's Anatomy〉가 17번째 시즌을 시작하면서 대 유행병을 둘러싼 병원 내 삶을 에피소드로 만들었다. 미국에서 방영 중인 최장기 의학 드라마 〈그레이 아나토미〉는 사실 코로나바이러스로 인한 피해를 정통으로 맞았다. 16번째 시즌이 코로나바이러스로 인해 조기에 종영됐다. 미국의 모든 병원 응급실에서 〈그레이 아나토미〉의 실제 상황을 목격해야 했던 그때, 당초 24부작이었던 시즌이 21부작으로 줄어들어 끝났다.

이 드라마가 동시대의 의료 현장을 보여준다는 측면에서, 17번째 시즌의 주요 소재가 '코로나바이러스'가 되는 것은 어쩌면 당연한 일이었다. 미국 시애틀의 병원 Sloan Memorial Hospital이 주 무대인 이 의학 드라마는 그곳이 미국에서 처음으로 코로나바이러스가 발병한 곳이라는 점에 주목한다. 시애틀 근처 킹 컨트리 King Country 는 미국에서 이 병으로 인한 첫 사망자가 발생한 장소다. 〈그레이 아나토미〉는 바로 그곳의 현실을 바탕으로 드라마를 시작한다. 의료진이 겪고 있는 힘든 현실을 드라마에 그대로 그려냈다.

생사를 가르는 삶의 최전선에서 일하는 소방관들을 그린 〈스테이션 19 Station 19〉도 마찬가지다. 이 드라마의 촬영 장소는 〈그레이 아나토미〉를 찍은 슬로안 메모리얼 병원과 불과 몇 블록 떨어져 있다.

이렇듯 텔레비전 프로그램들은 '강제로 갇힌 삶'에 천착하기 시작했다. NBC는 〈커넥팅 Connecting〉, 넷플릭스는 〈소셜 디스턴스 Social Distance〉라는 작품을 선보였다. 코로나바이러스 확산 이후 온라인으로만 대화할 수밖에 없는 사람들과 상황을 그렸다.

〈판데모니엄〉은 여기서 더 나아간다. 이 드라마는 가족의 집과 차 그리고 휴가지에서 이야기를 시작한다. 코로나바이러스의 위세가 가장 강력했던 때였던 만큼 매우 위험한 모험이었다. 이런 어려움은 촬영 내내 계속됐다. 6일간 이어진 마게이트 촬영에서는 그 전에 없던 장면들이 연출됐다. 일반적으로, 텔레비전 프로그램 제작 현장에서는 30여 명의 사람이 장비 주변에 모여 촬영을 돕고 모니터한다. 그러나 코로나바이러스 대유행이 모이는 사람의 수와 질자를 바꿔 놓았다.

촬영 현장에 있던 사람들은 빠짐없이 손목에 컬러 밴드를 차야 했다. 붉은색 밴드는 그 스텝이 이미 코로나바이러스 테스트를 받았고 배우 근처에서 작업할 수 있음을 의미한다. 반면 노란색 밴드는 아직 코로나바이러스 테스트를 받지 않은 스텝들이다. 배우 곁에 가지 말아야 한다는 것을 의미한다. 사전 예방 조치로, 배우들은 자동차나 문손잡이를 터치할 수 없게 했다. 코로나바이러스 예방수칙이 잘 지켜지는지 체크하는 스텝까지 있었다.

이 드라마의 원작에서는 코로나바이러스가 소재로 등장하지 않는다.

원래 아이디어는 작가 아들이 촬영한 가족 코미디로부터 나왔다. 그래서 촬영도 그냥 소박하게 가정용 비디오카메라, 고프로GoPro 카메라, 그리고 직접 구입한 드론Dron으로 하려 했다. 가족 간의 갈등 등을 담은 휴먼 드라마였던 셈이다.

그러나 코로나바이러스가 기본 콘셉트를 완전히 바꿔 놓았다. 당초에는 BBC 책임자들도 이 프로젝트에 코로나바이러스의 분위기를 담는 것을 꺼렸다. 그러나 코로나바이러스를 둘러싼 상황이 심각해지자, 생각이 바뀌었다.

공영방송인 BBC 입장에서는 영국이 처한 현실을 전달하는 일이 매우 중요했다. 1년에 수신료를 210달러나 내는 영국 국민을 위해서 말이다. 그래서 이 프로그램은 수신료로 운영되는 BBC1에 편성됐다.

사전 제작 상황도 변동이 많았다. 직접 만나는 상황을 최소화했고, 캐스팅도 현장 오디션 대신 배우들이 보낸 연기 영상으로 대체했다. 대본 리딩 등 미팅은 영상회의 솔루션 줌Zoom을 활용해 이뤄졌다. 현장 촬영 날짜도 6일로 줄였다. 마게이트 해변 촬영 당시에는 호텔의 공용 공간을 폐쇄해 배우들의 동선을 타이트하게 관리했다.

휴가의 경우, 야외 촬영이 필수지만 이번에는 달랐다. 마지막 촬영 장면도 실내에서 촬영됐다. 최종 장면은 영국이 두 번째 '봉쇄'에 들어가기로 했다는 뉴스를 가족들이 읽는 순간이다. 가족들은 휴가를 끝내기로 하지만 레이첼이 반대한다. "아니, 우리는 집에 가지 않을 거야."라며 "여기 있을 것."이라고 말한다. 카메라는 방안에 갇힌 가족들을 비춘다.

드라마 제작 현장의 변화를 보여주는 한 단면이다. 이는 단지 미국이나 영국의 풍경만은 아니다. 한국도 코로나바이러스 대유행 이후 많은 것이 바뀌고 있다. 음악 경연 프로그램에서 관객이 사라졌고, 대규모 방청객 앞에서 진행하던 예능프로그램은 축소되거나 폐지됐다. 앞으로 이 분위기가 얼마나 더 이어질지 모르지만, 한 가지 분명한 것은 코로나바이러스에 대한 대비가 새로운 규칙으로 작용할 것이라는 점이다. 현재 방영 중인 드라마들은(2021년 초) 아직 이 같은 코로나바이러스 상황을 제대로 담고 있지 않다. 2020년 초반에 만든 사전 제작 작품이 대부분이기 때문이다. 그러나 앞으로 드라마들이 코로나바이러스를 피하거나 무시할 수는 없을 것으로 보인다.

자기격리 시대의 유쾌한 기록,
〈락 다운〉

코로나바이러스 대유행 이후 인간관계가 변하지 않은 사람이 있을
까? 집에서 혼자 일하고 먹고 노는 시간이 길어지면서 동료와 사회를
대하는 태도가 점점 변하고 있다. 이런 트렌드를 가장 잘 반영하는 영역
은 영화, TV 프로그램 등 콘텐트다. 최근 코로나바이러스 대유행을 소재
로 한 작품들이 늘고 있다. 이로 인한 우울함을 담기도 하고 코로나바이
러스 대유행 상황에서만 가능한 장면들도 등장한다.

　HBO가 2021년 1월 14일에 공개한 〈락 다운Locked Down〉은 코로나바이
러스 시대를 살아가는 우리의 일상을 그대로 보여주는 작품이다. 이 영
화는 런던에 사는 한 커플이 고가의 보석을 명품 백화점으로부터 빼돌
리는 내용을 담았다. 액션 스릴러나 〈범죄의 재구성〉 같은 케이퍼Caper
무비는 아니다. 그 커플은 비대면 시대에서만 가능한 방법으로 범죄를
완성한다. 영화의 중심에 린다(앤 해서웨이Anne Hathaway)와 팩스톤(치웨텔

코로나바이러스 대유행을 소재로 한 드라마 〈락 다운〉

에지오포_{Chiwetel Ejiofor})이 등장한다. 오래된 연인인 이 둘은 런던이 폐쇄되면서 연일 우울한 시간을 보낸다. 직접 만날 수 없는 사람들, 회사와의 줌 미팅, 교감 없는 일방적 지시와 통보 등 코로나바이러스는 비정상을 정상으로 바꿔 놓는다. 린다는 상의는 정장을 입고 하의는 잠옷을 입은 채 온종일 줌 회의를 한다. 회의를 하면서 와인도 마시는데 평소 같았으면 상상할 수 없는 일이다.

코로나바이러스는 이 둘의 관계도 틀어 놓는다. 린다는 무기력한 자신을 모습을 보며 점점 신경질적으로 변해가고 팩스톤은 이웃들을 함부로 대한다. 휴지와 우유를 사러 간 마트에서 길게 줄 선 모습을 보고 이해가 아닌 욕부터 한다. 한 아파트에서 동거하고 있지만, 이 커플은 최근 헤어졌다. 그래서 일도 따로 하고 잠도 따로 잔다.

그러나 이 둘은 우연한 기회에 다시 뭉친다. 코로나바이러스로 백화점이 문을 닫았는데, 그곳에서 고가품을 배달할 택배 기사를 찾는다. 평소 배송 업무를 담당했던 팩스톤. 그의 보스는 그에게 가짜 신분으로 이를 배달할 것을 요청한다. 워낙 고가이다 보니 범죄 이력이 없는 드라이버가 필요했기 때문이다. 동시에 의류 업체 CEO인 린다는 명품 백화점인 해로드Harrods에서 재고 정리 업무를 하게 된다.

이 둘은 마침 배송을 부탁한 날과 재고 정리를 하는 날이 같다는 사실을 알게 된다. 린다를 거치면 팩스톤은 보안 점검을 하지 않고도 통과할 수 있다. 마침 린다는 이 백화점의 금고에 익명의 고객에게 판매된 300만 파운드 상당의 보석이 보관되어 있다는 사실을 털어놓는다. 또 전시장에 이를 복제한 보석도 있다고 말한다. 진품을 찾은 다음, 복제품을 고객 배달 상자에 넣어 배달하면 되는 것이다. 이 보석은 뉴욕으로 배달할 예정이어서 발각될 가능성도 적다. 백화점이 문을 닫지 않았다면, 그리고 비대면이 일상화되지 않았다면 가능하지 않은 범죄다.

배달 당일, 이 둘은 백화점 진입에 성공하고 진품과 복제품을 바꿔 놓는 작업까지 마친다. 긴장되는 순간, 마지막 건물을 빠져나오려는데, 마침 린다가 일주일 전에 해고한 직원인 도널드와 마주친다. 도널드는 코로나바이러스로 인한 실적 악화로 해고됐다. 도널드는 팩스톤의 신분이 위장되었다는 사실을 안 뒤 경찰을 부른다. 결국 그에게 범죄 사실을 털어놓지만, 도널드도 범죄에 가담하기로 약속한다. 마침내 범죄가 성공한 이후 각자의 길로 가려던 이들은 생각을 바꾼다. 코로나바이러스로 인한 런던 폐쇄가 2주 연장된 후 연인 관계를 다시 생각한다.

이 영화는 영화 〈미스터 앤 미세스 스미스Mr. & Mrs. Smith〉로 유명한 더그 라이만Doug Liman이 감독을 맡았다. 개봉은 스트리밍 서비스 HBO맥스에서 했는데, 현실을 반영한 플롯과 장면으로 큰 주목을 받았다. 영화의 첫 장면은 텅 빈 런던의 거리를 비추고, 공원에는 고슴도치만 돌아다닌다.

'락 다운'의 영향이다.

야외 촬영 장면도 거의 없다. 배우들도 대부분 줌으로 회의나 대화를 하고, 3명 이상 등장하는 장면은 존재하지 않는다. 이렇게 영화가 만들 어지는 건 코로나바이러스 이후 만들어진 규칙이다. 영화의 화면도 시 종일관 어둡다. 짧은 시간에 촬영된 만큼 대부분 낮은 품질의 영상 통화 와 야외에서 혼자 독백하는 장면으로 구성되었다. 하지만 최근 분위기 를 날 것 그대로 전하기에 오히려 더 진정성이 느껴진다.

팩스톤의 상사인 벤 킹슬리 Ben Kingsley, 린다의 보스 벤 스틸러 Ben Stiller 도 영상 통화 장면으로만 출연한다. 그래서 영화 제작이 가능했다. 라이먼 은 원격으로 모든 화면을 촬영하는 데 성공했다. 원격으로 혹은 영상으 로 배우들의 호흡이 전달되지만, 영화는 진실을 충분히 담아냈다. 지금 우리가 느끼는 감정이 화면에 그대로 투영됐기 때문이다.

그래서 이 영화는 의미가 있다. 현실을 그대로 묘사했을 뿐 아니라 앞 으로 변화할 제작 현장을 상상할 수 있게 해주기 때문이다. 이 같은 다 자간 영상 통화 장면이 어색하지 않은 건, 우리 일상이 이미 변한 닷이 다. 아직 이 영화를 한국에서 볼 수는 없지만, HBO맥스의 국내 진출이 2021년 하반기로 예정되어 있어 조만간 시청자들이 만나볼 수 있을 것 으로 보인다.

소셜미디어 서비스,
주류 무대로 진출하다

2020년은 미국 기술 기업이 상당한 어려움을 겪었던 해다. 정부나 국회에서 기술 대기업들의 지배력에 대한 문제 제기가 분출됐기 때문이다. 이에 구글, 페이스북, 아마존 등이 미국 정부와 각 주 대표들로부터 잇따라 반독점 소송을 당했다. 그러나 기술적 성장도 있었다. 그중 하나가 다른 플랫폼으로의 확장이다.

이와 관련하여 삼성은 2020년 12월에 깜짝 놀랄만한 발표를 했다. 유럽에서 틱톡이 삼성과 협의해 스마트TV를 내놓는다는 소식이었다. 틱톡과 삼성이 손을 잡고 소셜미디어 서비스 경험을 텔레비전에 본격 적용한 제품을 생산한다는 내용인데, 기존 텔레비전 시장의 판을 바꿀 만한 이슈여서 업계에서 큰 주목을 받았다.

삼성-틱톡TV의 가장 큰 장점은 각각의 사용자(시청자)들이 좋아하는 비디오나 코멘트를 텔레비전 화면으로 볼 수 있다는 점이다. 소셜미디

어 서비스를 텔레비전으로 이용할 수 있게 된 것이다. 예를 들면, 자신이 팔로우하는 인플루언서의 콘텐트나 피드 등을 텔레비전에서 간편하게 보는 식이다. 소셜미디어 서비스와 텔레비전 제조 회사가 제품 구상 단계부터 협업해 제품을 생산하는 건 이번이 처음이다. 인디넷과 연결된 커넥티드TV Connected TV에 이어 소셜미디어TV Social Media TV로의 전환이다.

두 회사는 텔레비전이 대중적 디바이스인 만큼 사용 편의성을 가장 우선시했다. 그래서 텔레비전 이용 시 틱톡 계정이 별도로 필요하지는 않을 전망이다. 텔레비전 출고 시에 미리 틱톡 앱을 설치하게 된다. 사용자들이 직접 설정해야 하는 불편함을 최소화한 것이다.

문제는 화면 구성인데, 삼성은 스마트폰으로 틱톡 비디오를 이용하는 환경과 유사하도록 세로 화면을 구현하기로 했다. 삼성전자는 2020년 1월에 열린 CES에서 세로 화면의 '세로TV The SERO TV'를 이미 선보인 바 있다. 그러나 삼성-틱톡TV는 하드웨어 자체가 세로는 아니며 화면에서 여러 개의 수직 화면 비디오를 시청할 수 있게 할 전망이다.

삼성과 틱톡의 협업은 두 회사 모두에게 남다른 의미를 줄 수 있다. 콘텐트 업계에도 새로운 기회로 작용할 수 있다. 특히, 미국 정부의 압박이 계속되고 있는 틱톡으로서는 삼성을 등에 업고 다른 길을 개척하는 작업이 더욱 필요해 보인다. 미국 시장에서 영구적으로 정착하기 위해서 말이다.

애플리케이션 다운로드 분석회사 '앱 애니App Annie'에 따르면 2020년 글로벌시장에서 가장 많이 다운로드한 애플리케이션이 바로 틱톡이다. 2등이 페이스북이었다. 코로나바이러스 대유행 이후 외부 활동이 어려워지며 발생한 현상이다.

미국 정부의 퇴출 압박이 거세지만, 틱톡은 여전히 Z세대에 강하다. 조사 업체 '파이퍼 샌들러Piper Sandler'에서 2020년 8월 말부터 9월 말까지 조사한 결과에 따르면, 미국 10대 열 명 중 일곱 명(69%)이 틱톡을 이용한다고 답했다. 이는 2020년 4월 한 달간 조사한 62%보다 7% 포인트 상승한 수치다. 코로나바이러스 대유행으로 친구들을 만나지 못하게 된 10대들이 틱톡에 모인 것으로 보인다. 2020년 7월부터 트럼프 행정부의 틱톡에 대한 압박이 시작됐지만, 10대들을 설득하지는 못한 것으로 보인다.

다시 TV 이야기로 돌아가 보자. 틱톡으로서는 안방 TV로 확장할 새 기회가 찾아왔다고 볼 수 있다. 미국 소비자(시청자)들이 더 많은 시간을 틱톡에 소비할 수 있게 되었기 때문이다. 이 TV를 통해 틱톡은 10대를 넘어 주류 시장으로의 진입을 시도할 수 있다. 틱톡에 희망적인 뉴스

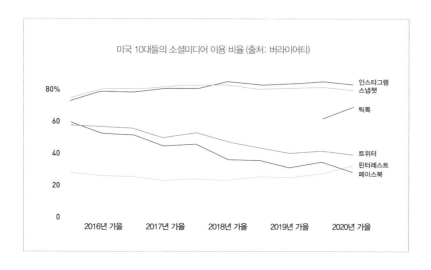

미국 10대들의 소셜미디어 이용 비율 (출처: 버라이어티)

- 인스타그램 스냅챗
- 틱톡
- 트위터
- 핀터레스트
- 페이스북

80% / 60 / 40 / 20 / 0

2016년 가을 / 2017년 가을 / 2018년 가을 / 2019년 가을 / 2020년 가을

는 코로나바이러스 확산 이후 가정에서 스트리밍 서비스 혹은 VOD를 보는 비중이 급격히 늘었다는 점이다. 영국 방송 통신 규제 기관인 오프콤Ofcom의 발표에 따르면 2020년 영국 내 SVOD(구동형 VOD)와 비실시간 방송 콘텐트 시청량이 전년 대비 71%나 증가했다. 심지어 2020년 6월 말 일부 폐쇄 조치가 완화된 이후에도 경향은 그대로였다. 이런 트렌드는 미국도 마찬가지다. 그래서 틱톡에게는 안방 진출이 매우 중요하다. 타깃 오디언스를 10대에서 가족 고객까지 확장할 수 있는 절호의 기회이기 때문이다.

사실 삼성과 틱톡의 협업은 단순히 안방에 진출하는 것보다 더 큰 의미가 있다. 틱톡의 미래 전략을 바꿀 수 있기 때문이다. 만약 삼성 스마트TV에 실리는 틱톡의 시청률이 빠르게 높아질 경우, 새로운 시도를 할 수 있다. 콘텐트 길이를 더 늘여 숏폼이 아닌 롱폼으로 콘텐트를 서비스할 수도 있다. 일반적으로 TV 시청자들은 모바일 플랫폼보다 분량이 긴 콘텐츠를 원한다. 그럴 경우, 틱톡은 자연스럽게 TV 콘텐츠 시장에 진출하게 된다.

광고 시장에서 롱폼 콘텐츠가 더 유리하다는 사실을 생각하면, 삼성과 틱톡에게 더 큰 기회가 열릴 수도 있다. 사실 모회사인 바이트댄스ByteDance도 서비스 확장을 위한 신규 자금이 필요한 상황에서 롱폼 콘텐츠에 무게 중심을 두고 있다. 이와 관련하여 틱톡은 2020년 7월 셀프서비스 광고 플랫폼을 오픈했는데, 이를 통해 다양한 형식의 콘텐츠를 실험 중이다. 12월에는 일부 크리에이터들에게 3분 길이의 비디오 콘텐트를 올리는 것을 허용했다. 1분 미만의 비디오라는 틱톡의 가장 큰 특징을 버린 것이다. 물론 아직은 테스트 상황이지만 롱폼으로 발전할 가능성은 충분하다.

틱톡은 2020년 8월부터 스트리밍 TV박스 '아마존 파이어 TV'에도 서비스를 시작했다. 스트리밍 TV박스는 일반 가정용 TV와 연결해 각종 스트리밍 서비스를 이용하는 기기다. 한국에서는 아직까지 대중화되지 않았지만 국토가 넓은 미국에서는 널리 쓰이는 서비스다. 내가 어디로 옮기든 기기만 TV와 연결하면 넷플릭스, HBO맥스, 디즈니+ 등의 스트리밍 서비스를 이용할 수 있다. 이런 장점 때문에 가입자 수도 꾸준하다. 2020년 12월 현재 스트리밍 TV박스 시장 1위가 로쿠Roku, 2위가 아마존 파이어 TV다.

틱톡이 아마존 파이어 TV에 들어갔다는 건 본격적인 주류 TV 시장 편입을 시도한다는 의미이기도 하다. 여타 경쟁 소셜미디어 서비스들이 긴장할 수밖에 없다. 이에 페이스북이나 레딧 Reddit 같은 기업들도 숏폼 비디오 서비스를 강화하고 있는 것으로 알려졌다. 참고로 레딧은 월간 기준 10억 뷰에 달하는 숏폼 비디오 애플리케이션 회사 덥스매쉬를 2020년 말에 인수했다.

삼성 스마트TV도 틱톡과의 협업이 큰 전환점이 될 수 있다. 현재 미국 스마트TV 시장은 한국과 다른 양상으로 전개되고 있다. 미국에서는 스마트TV를 켜면 ABC나 CBS 등 네트워크 채널이 아닌 제조사들이 무료로 제공하는 스트리밍 채널들을 먼저 보게 된다. 스마트TV 제조사들이 수백 개의 실시간 및 비 실시간 채널(VOD)을 서비스하면서 스스로 방송 플랫폼으로 진화하고 있는 것이다.

삼성도 예외는 아니다. '삼성 TV 플러스'라는 이름으로 2020년 12월 말 현재 159개 채널을 서비스하고 있다. CNN이나 NBC 같은 뉴스 채널은 물론이고, 다양한 애니메이션 채널도 무료로 볼 수 있다. 스마트 TV 제조사들은 이 채널들을 무료로 서비스하면서 광고를 편성해 추가 수익을 올리고 있다. 삼성은 아직 본격적인 스마트TV 시장 광고에 뛰어들지 않았다. 하지만 틱톡 TV를 통한 차별화는 삼성 스마트TV의 광고 플랫폼 전략을 앞당길 수 있다. 세상은 매우 빨리 변한다.

케이블TV의 몰락,
A+E와 스냅챗의 제휴

20대인 밀레니얼 세대와 10대인 Z세대 소비자들의 TV에 대한 충성도는 부모 세대와 다르다. 유료 TV 방송에 의존하지 않고 스트리밍 서비스에서 원하는 콘텐트만 선별해 시청한다. 젊은 세대 중 상당수는 아예 유료 방송을 보지 않는다. 미국 미디어 전문 매체 버라이어티 Variety 의 예측에 따르면 2020년 한 해 동안 660만 가구가 유료 방송 구독을 중단한 것으로 알려졌다. 2020년 3분기에는 100만 명 이하로 감소하면서 어느 정도 선방했지만, 그것도 잠깐이었다.

이른바 코드 커팅 Cord-Cutting (유료 방송을 끊고 스트리밍 서비스만 이용하는 행위)은 이제 피할 수 없는 대세다. 그 중심에 바로 10~20대 젊은 층이 있다. 코드 커팅으로 인한 유료 방송 가입자 감소와 그로 인한 피해는 케이블TV 플랫폼뿐만 아니라 채널을 공급하는 사업자에게도 고스란히 전달된다.

미국 주요 유료 방송 가입자 감소 추세 (출처 : 버라이어티)

(단위: 천 명)

2016년 2분기	718.6
2016년 3분기	153.9
2016년 4분기	206.5
2017년 1분기	1,000.0
2017년 2분기	488.1
2017년 3분기	490.5
2017년 4분기	984.7
2018년 1분기	710.9
2018년 2분기	709.2
2018년 3분기	1,100.0
2018년 4분기	887.2
2019년 1분기	1,100.0
2019년 2분기	1,300.0
2019년 3분기	1,600.0
2019년 4분기	1,400.0
2020년 1분기	1,700.0
2020년 2분기	1,500.0
2020년 3분기	970.8

이런 상황 때문에 유료 방송 채널들은 젊은 층을 공략하기 위한 노력을 펼치고 있다. 이 중 케이블TV 채널 사업자 A+E네트웍스A+E Networks 의 행보가 눈에 띈다. 이 회사는 미래를 위해 스냅챗을 택했다. 핵심 사업인 케이블TV와 위성방송 채널 수신료 매출 감소, TV 광고 매출 감소를 보전하기 위해서다.

디즈니와 디지털 라디오 그룹 허스트Hearst 가 50:50 지분으로 설립한 A+E네트웍스는 스냅챗 앱을 통해 자사의 TV 드라마 중 주요 작품을 5~8분 분량의 영상 클립으로 만들어 유통하며 젊은 층과의 접점을 넓히고 있다. 현재까지의 결과는 대박이다. 회사에 따르면 히스토리 채널

Kings of Pain

A+E네트웍스의 인기 프로그램 〈킹 오브 페인〉

의 〈킹 오브 페인 Kings of Pain〉, 〈포지드 인 파이어 Forged in Fire〉와 라이프타임의 〈브링 잇 Bring It!〉 등 스냅챗에 유통되는 A+E의 무료 콘텐트가 수백만 명의 시청자를 끌어모으고 있다. 영상 시청자 대부분은 유료 TV 시청 연령보다 연령대가 낮다. 스냅챗은 〈포지드 인 파이어〉를 본 이용자 중 79%가 24세 이하이며, 〈킹 오브 페인〉과 〈브링 잇〉 역시 이 연령대 시청자가 각각 73%와 66%였다고 밝혔다.

A+E네트웍스의 디지털 비즈니스 개발 담당 수석 부사장 모르간 그레코 Morgan Greco는 버라이어티와의 인터뷰에서 "스냅챗에서 유통하는 프리미엄 콘텐트가 큰 히트를 기록하고 있다. 실시간 채널에서 콘텐트를 보지 못한 젊은 시청자를 더 많이 끌어들이고 있다."고 설명했다.

지난 2011년 시장에 처음 선보인 스냅챗은 사진과 동영상 공유에 특화된 모바일 메신저 서비스다. 스냅챗의 가장 큰 특징은 보내는 사람이 받는 사람의 확인 시간을 설정해 일정 시간 후 메시지를 자동 삭제할 수 있게 한 이른바 '자기 파괴' 기능인데, 이 기능 덕분에 10대를 비롯한 젊은 세대들에게 큰 주목을 받았다. 이렇게 메신저로 성장한 스냅챗이 이제 동영상 유통 플랫폼으로 영역을 확장하고 있다. 각종 언론사와 제휴하고 NBC와 함께 뉴스를 만들기도 했다.

히스토리 채널의 핵심 프로그램인 〈킹 오브 페인〉. 이 프로그램은 두 명의 진행자가 세상에서 가장 위험하고 잔인한 동물을 찾는 내용의 교양 콘텐트다. 2020년 6월 스냅챗에 이 프로그램이 공개된 이후 두 달도 채 되지 않아 구독자 수 100만 명을 넘었다. 이 프로그램을 본 순 방문자unique viewers 수도 1,900만 명을 돌파했다.

물론 디지털에서의 성과가 TV 시청률로 온전히 이어지기는 어렵다(아니 불가능하다). 그러나 A+E네트웍스는 스냅챗과의 협업을 긍정적으로 보고 있다. 스냅챗으로 TV프로그램의 인지도를 높일 수 있고 디지털 광고 매출까지 추가로 올릴 수 있기 때문이다. A+E네트웍스는 이제 스냅챗에 이어 유튜브와 로쿠 등 다른 디지털 플랫폼에도 숏폼 콘텐트를 내보내고 있다.

디즈니+나 HBO맥스처럼 강력한 스트리밍 서비스를 갖지 못한 A+E네트웍스에게는 이 같은 디지털 비즈니스 전략이 필요하다. 젊은 세대들이 A+E의 콘텐트를 접할 기회를 늘림으로써 신규 가입자를 유료 TV 생태계로 끌어들일 수도 있기 때문이다. 하지만 이러한 디지털 전략이 A+E를 비롯한 미국 유료 TV 업계가 직면한 고통을 해결할 만병통치약이 될 수는 없다.

한편, 스냅챗은 10대와 젊은 성인 등 미디어 기업들이 탐낼만한 사용자 구성을 가지고 있다. 2020년 3분기 기준, 스냅챗의 일일 평균 이용자 수는 2억4,900만 명에 달한다. 1년 전인 2019년에 비해 1,100만 명이나 증가한 수치다. 스냅챗은 "미국 이용자 중 90% 이상이 13세에서 24세 사이"라고 밝혔다. 페이스북이나 인스타그램보다 훨씬 젊은 나이 구성이다.

스냅챗은 이제 동영상 생산 및 공유 플랫폼으로 진화하고 있다. 최근 스냅챗은 크리에이터들이 자신의 팔로워 숫자를 표시할 수 있도록 서비스를 변경했다. 설립 9년 만의 일이다. 그동안 스냅챗에서 자신의 팔로워를 볼 수는 있었지만, 외부로 공표하는 길은 막혀 있었다. 스냅챗의 비밀스러운 서비스 특성 때문이다. 그러나 공유 플랫폼으로 확대하면서 기존 특성이 바뀌고 있다.

이러한 변경에 힘입어 인스타그램이나 틱톡의 크리에이터들도 이 서비스로 옮겨오고 있다. 킴 카다시안Kim Kardashian(2,690만 명), 사를리 다멜리오(1,380만 명), 미셸 오바마Michelle Obama(160만 명), 윌 스미스Will Smith(38만6천 명) 등이 대표적이다. 이용자들의 스냅챗 콘텐트 시청 시간도 늘고 있다. 스냅챗 가입자의 총 비디오 이용시간은 1년 전보다 50%나 증가했다.

스냅챗을 향한 유료 방송의 진격은 앞으로도 계속될 것으로 보인다. 그러나 모든 유료 방송 사업자가 성공할 수는 없다. 결국, 그 성공의 열쇠는 콘텐트가 될 것으로 보인다.

한국의 레거시 미디어들과 뉴미디어의 만남은 아직 초보 수준이다. 그러나 한국에서도 비슷한 변화를 감지할 수는 있다. 얼마 전 1인 방송을 콘셉트로 한 프로그램이 지상파 방송에 편성되었고, 인플루언서들이 TV에 출연하는 모습도 자연스럽다. 하지만 아쉬운 점은 아직까지 레거시 미디어 플랫폼에서 뉴미디어가 소재로만 사용되고 있다는 점이다. 우리도 미래에 대한 답을 뉴미디어에서 찾아야 할 때가 왔다. 뉴미디어를 맹신해서도 안 되겠지만 무시하기에는 우리의 현실에 너무 가까이 다가왔다.

influencer

코로나바이러스 이후의 대세,
스트리밍 서비스

2020년 후반, 디즈니의 스트리밍 서비스 '디즈니+'의 최대 히트작 〈만달로리언 Mandalorian〉 시즌2가 출시됐다. 〈만달로리언〉은 디즈니+의 시작을 알린 대형 오리지널 드라마다. 〈만달로리언〉 시즌2는 시즌1이 공개된 지 1년 만에 안방을 찾은 새로운 시리즈다. 2020년 10월 30일 공개된 시즌2에는 주인공 '만달로리언'과 '베이비 요다'가 그대로 등장했다. 달라진 분위기는 든든한 가입자다. 시즌1은 약 1,000만 명의 구독자로 시작했으나, 시즌2는 1억 명에 가까운 디즈니+ 가입자가 뒤를 받치고 있다.

〈만달로리언〉 시즌2는 시작 전부터 큰 관심을 끌었다. 시즌1의 분위기와 감성이 그대로 이어질지 그리고 새로운 시즌의 스토리는 어떨지에 대한 궁금증이 가장 컸다. 당시 공개된 첫 에피소드의 완성도는 기대 이상이었다. 주인공 만도 Mando 는 동료를 찾기 위해 타투인 Tatooine 행성으로

돌아갔다. 만달로리언은 베이비 요다가 제다이 Jedi 로 변신하는 데 필요한 답을 가지고 있다. 시즌2는 제다이로 성장해가는 요다를 지키기 위한 여정을 그린다. 이 성장 드라마에 미국의 수많은 시청자들이 열광했다. 각종 마트에서도 만달로리언 장난감과 요다 인형이 판매대의 중심에 놓였다.

시즌2 첫 편의 몇몇 장면은 시즌1을 봐야 이해할 수 있는 스토리로 전개됐다. 만도는 먼 광산 마을에서 만달로리언 갑옷을 입고 있는 남자를 발견한다. 그러나 그는 진짜 만달로리언이 아니다. 그 광산 마을의 보안관 콥 벤스Cobb Vanth 인데 자바 상인들에게 보바 펫의 헬멧과 로켓, 제트 팩을 구입해 착용하고 있다. 만도는 그 보바 펫의 갑옷을 원한다. 그러나 벤스는 마을 사람들을 괴롭히는 괴물 크레이트 드래곤Krayt Dragon 을 없애줘야 한다고 조건을 내세운다.

이 괴물은 시즌1에 등장했던 머드혼Mudhorn 보다 훨씬 크고 무섭다. 그러나 만도는 우여곡절 끝에 크레이트 드래곤을 제거한다. 미션 수행에

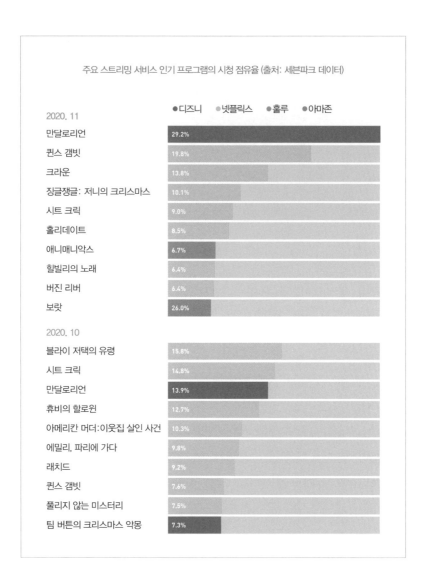

주요 스트리밍 서비스 인기 프로그램의 시청 점유율 (출처: 세븐파크 데이터)

2020. 11

●디즈니　●넷플릭스　●훌루　●아마존

프로그램	점유율
만달로리언	29.2%
퀸스 갬빗	19.8%
크라운	13.8%
징글쟁글: 저니의 크리스마스	10.1%
시트 크릭	9.0%
홀리데이트	8.5%
애니매니악스	6.7%
힐빌리의 노래	6.4%
버진 리버	6.4%
보랏	26.0%

2020. 10

프로그램	점유율
블라이 저택의 유령	15.8%
시트 크릭	14.8%
만달로리언	13.9%
휴비의 할로윈	12.7%
아메리칸 머더: 이웃집 살인 사건	10.3%
에밀리, 파리에 가다	9.8%
래치드	9.2%
퀸스 갬빗	7.6%
풀리지 않는 미스터리	7.5%
팀 버튼의 크리스마스 악몽	7.3%

성공한 보바펫은 약속대로 자신의 갑옷도 되찾는다. 사건을 해결한 만도는 다시 여정을 떠난다. 〈만달로리언〉 시즌2는 이 같은 만도의 여정을

따라간다. 그가 미션을 안정적으로 수행하고 요다를 안전하게 데려다줄 수 있을까?

〈만달로리언〉이 공개되고 1년이 지난 지금, 디즈니+에서 가장 성공적인 작품이라는 사실이 숫자로 증명되고 있다. 버라이어티에 따르면 〈만달로리언〉은 2020년 11월 기준, 디즈니+, 애플 TV+, 아마존 프라임 비디오 등 주요 스트리밍 서비스를 통틀어 가장 큰 성공을 거둔 것으로 조사됐다. 세븐파크 데이터 7Park Data 에서 자체 패널을 대상으로 조사한 바에 따르면 10명 중 3명이 〈만달로리언〉을 시청(29%)한 것으로 나와 넷플릭스의 〈퀸스 갬빗 Queen's Gambit〉 20%, 〈크라운 The Crown〉 14%, 홀루 Hulu 의 〈애니매니악스 Animaniacs〉 7%보다 앞섰다.

이 조사는 다양한 스트리밍 서비스에 가입한 고객들을 대상으로 한 데이터여서 업계에서도 신뢰도를 인정받고 있다. 세븐파크 데이터는 넷플릭스, 아마존 프라임 비디오, 홀루, 애플TV+, 디즈니+ 등 스트리밍 서비스 이용자(15,000 가구)의 시청 패턴을 조사하고 있다.

한편, 2019년 11월 시장에 론칭한 디즈니+는 코로나바이러스 대유행에도 잘 견디며 급속한 성장을 거듭했다. 2020년 6월 기준 가입자 수 6,500만 명을 돌파했고 11월에는 8,680만 명을 넘어섰다. 이에 일부에서는 다음 〈스타워즈〉 영화를 더 이상 극장에서 보기 힘들 것이라는 예측도 나온다. 디즈니가 디즈니+에서 신작을 먼저 내놓을 것이라는 분석이다.

8년 전 40억 달러에 '루카스필름'을 인수한 디즈니는 그동안 〈스타워즈〉 시리즈의 극장 개봉을 통해 많은 돈을 벌어들였다. 소위 '프리퀄 prequels' 시리즈를 통해 디즈니가 거둔 수익은 10억 달러 이상이다.

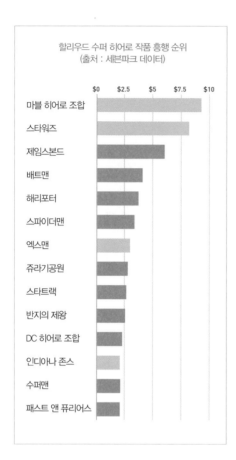

할리우드 수퍼 히어로 작품 흥행 순위
(출처 : 세븐파크 데이터)

그러나 8년이 지난 지금, 엔터테인먼트 시장은 많이 변했다. 넷플릭스 등 스트리밍 플랫폼이 세상을 흔들고 있다. 특히, 2020년 들어 코로나바이러스가 사람들을 집에 가뒀고 극장과 다양한 실내 오락 시설을 중단시켰다.

영화 〈스타워즈〉도 예외는 아니었다. 2019년 11월 디즈니+의 〈만달로리언〉이 스트리밍 플랫폼에서 흥행을 이끌었다면 극장에서 개봉한 스타워즈 영화는 정반대였다. 당시 개봉했던 영화 〈스타워즈: 라이즈 오브 스카이워커STAR WAS: The Rise of Skywalker〉는 시리즈 중 가장 반응이 약했고 흥행 실적도 최악이었다. 4년 전 개봉했던 전작 〈스타워즈: 깨어난 포스STAR WARS: The Force Awakens〉의 절반에 불과한 실적이었다. 앞서 언급했듯 〈만달로리언〉은 디즈니+에서 시즌2를 성공적으로 시작했다. 코로나바이러스 대유행 속 가장 성공적인 데뷔로 불린다. 다행스럽게도 코로나바이러스로 할리우드 제작이 중단되기 전에 이 프로그램의 촬영이 마무리됐다.

다른 의미도 있다. 미국에서는 이번 오리지널로 〈스타워즈〉의 새로운 시대가 열렸다는 평가가 많다. 마블Marvel이나 픽사Pixar 등 다른 스튜디오처럼 스타워즈도 극장 개봉이 가장 중요했지만, 이제는 아니다. 앞으로는 스트리밍이 가장 우선이다.

워너미디어는 2021년 개봉하는 모든 영화를 스트리밍 서비스와 극장에 동시 개봉한다고 밝혔다. 이와 관련 디즈니는 2020년 말 내부 조직을 개편했다. 미디어&엔터테인먼트 유통 그룹Media and Entertainment Distribution group을 신설했는데 디즈니가 만든 영화, TV, 스포츠 콘텐트를 어떤 플랫폼을 통해 내보내는 것이 가장 효과적인지 판단하는 유통 조직이다. 극장과 TV와 같은 전통적인 채널에서도 콘텐트를 유통한다.

모건스탠리Morgan Stanley의 벤자민 스윈번Benjamin Swinburne 연구원은 월스트리트저널과의 인터뷰에서 "이번 조직 개편은 스트리밍으로의 전환을 방해하는 전통적인 인센티브 구조를 부수는 역할을 해야 한다."고 강조했다. 관습을 바꾸는 것은 그리 쉬운 일이 아니다. 예를 들어 극장 개봉 대신 스트리밍 공개를 선택하기 위해서는 더 많은 수익이 필요하다.

그러나 앞으로 디즈니 그룹의 첫 번째 포커스는 스트리밍 서비스가될 것이다. 매출도 오는 2022년 스트리밍 부문이 스튜디오 엔터테인먼트 부문을 넘어설 것으로 보인다. 실제로 디즈니는 이미 스트리밍 서비스에 많은 투자를 하고 있다. 때문에 디즈니 주식은 다른 테마파크나 극장 체인들에 비해 높게 형성됐다. 주주들도 어느 정도 인정하고 있다. 월스트리트저널에 따르면 디즈니의 CEO인 밥 체이펙Bob Chapek에게 지급할 배당을 취소하고 스트리밍 투자를 대폭 확대하라는 서한을 보낸 주주도 있었다.

디즈니의 통상 1년 배당금은 30억 달러에 달한다. 디즈니는 테마파크 폐쇄로 인한 재정적 어려움으로 2020년 상반기 주주 배당을 중단했다. 그러나 아이러니하게도 다음날 주가는 24% 상승했다. 그 자금을 스트리밍 서비스에 투자할 것으로 기대한 까닭이다.

투자 분석회사 크레디트 스위스Credit Suisse는 디즈니가 회계연도 1년 동안 180억 달러를 콘텐트에 쓸 것으로 전망했다. 스포츠와 뉴스에 대한 투자를 제외한 수치다. 이는 2020년 넷플릭스가 콘텐트 제작에 투자한 130억 달러보다 39% 많은 금액이다.

세계가 열광한다,
디즈니의 광폭 행보

2020년 2월 밥 아이거Bob Iger 가 디즈니의 CEO에서 물러나고 이사회 의장에 올랐다. 그는 CEO 자리를 내놓으면서 2021년에 완전히 은퇴할 것이라고 말했는데, 다만 딱 하나의 미션을 완료하고 난 뒤라고 말했다. 그가 말한 미션은 스트리밍 시비스 디즈니+의 싱공이다. 이와 관련하여 아이거는 뉴욕타임스와의 인터뷰에서 "나는 우리의 창의적 콘텐트 공급 라인에 활력을 불어넣고 싶다. 이를 위해 전 세계에 스트리밍 서비스 디즈니+를 확산시켜야 한다."고 설명했다.

2020년 12월 9일, 한 해가 얼마 남지 않은 이 날, 디즈니는 투자자 설명회를 가졌다. 장장 4시간 동안 이어진 설명회의 핵심은 단연 디즈니의 스트리밍 사업이었다. 모든 설명이 거기에 집중됐다. 이날 미국 증권가는 디즈니의 발표에서 아이거의 의지를 확인할 수 있었다는 평가를 내렸다. 디즈니는 스트리밍에 대한 투자를 최고 속도로 올렸다. 디즈니

디즈니 CEO 밥 체이팩

의 방향성이 예측된 것이다.

　디즈니는 투자자 발표회에서 총 10편의 〈스타워즈〉 관련 TV 프로 젝트를 발표했다. 이 중 두 편은 지금 최고 인기를 구가하고 있는 TV 드라마 〈만달로리언〉의 스핀 오프Spin off 시리즈다. 이외 다른 작품들은 C-3PO, R2-D2 등 스타워즈 유명 캐릭터를 주연으로 하는 프로그램들 이다. 이와 함께 디즈니는 스타워즈 영화도 공개했다. 패티 젠킨스Patty Jekins가 감독할 영화 〈로그 스콰드론Rogue Squadron〉이다. 영화 〈원더우먼 1984Wonder Woman 1984〉를 감독한 젠킨스는 이번 작품 연출로 스타워즈 43 년 역사상 첫 여성 감독이 된다. 이 작품은 오는 2023년 크리스마스에 개봉한다. 나머지 작품들도 2021년부터 차례대로 공개된다. 이들 작품 이 의미가 있는 이유는 모든 콘텐트가 디즈니+에 편성되기 때문이다. 스트리밍 서비스를 위한 물량 공세인 셈이다.

　또 디즈니는 디즈니 스튜디오가 만든 15편의 영화를 디즈니+에 편성 하기로 했다. 〈아이스 에이지Ice Age〉, 〈박물관이 살아 있다Night at the Museum〉,

〈윔피 키드Diary of a Wimpy Kid〉, 〈시스터 액트Sister Act〉, 〈열두 명의 웬수들Cheaper by the Dozen〉 등이 당장 디즈니+에서 방송될 것으로 보인다. 2007년 개봉한 뮤지컬 영화 〈마법에 걸린 사랑Enchanted〉은 속편이 만들어지는데 이 역시 디즈니+에 직행한다. 배우 톰 행크스가 제페토Geppetto 할아버지로 출연하는 실사 영화 〈피노키오Pinocchio〉도 스트리밍 서비스에 제공된다. 이 영화들은 별도 비용 없이 디즈니+ 구독자라면 누구나 볼 수 있다. 몇 편의 스포츠 드라마도 편성이 예정됐다. NBA 프로농구팀 밀워키 벅스의 스타 야니스 아데토쿤보Giannis Antetokounmpo의 삶을 다룬 실화 드라마도 만들어진다.

픽사Pixar도 디즈니+를 위해 다양한 작품을 준비하고 있다. 최고 인기작품 〈카Car〉의 신작과 다른 토이 프랜차이즈 콘텐트도 공급한다. 마블Marvel은 〈미즈 마블Ms. Marvel〉 등 최소 10편을 스트리밍 서비스에 공개하기 위해 준비 중이다.

내셔널 지오그래픽National Geographic 또한 차기작 공급을 스트리밍에 집중한다. 유명 배우 크리스 햄스워스가 출연하고 대린 아로노프스키Darren Aronofsky가 연출하는 다큐멘터리도 편성한다. 이외 다른 스트리밍 서비스인 훌루에도 오리지널 영화들이 편성된다. 20세기 스튜디오와 서치라이트Searchlight가 만든 콘텐트다.

이를 종합하면 디즈니가 스트리밍 서비스 디즈니+를 띄우기 위해 준비한 작품은 100여 편이나 된다. 디즈니가 대단한 이유는 양을 늘리면서도 품질을 포기하지 않는 점 때문이다. 밥 아이거 디즈니 이사회 의장은 발표회에서 "오리지널 작품들을 계속 공급하지만, 우리의 중심은 여전히 양이 아니라 품질quality이다."라고 말했다. 디즈니는 디즈니+를 위해

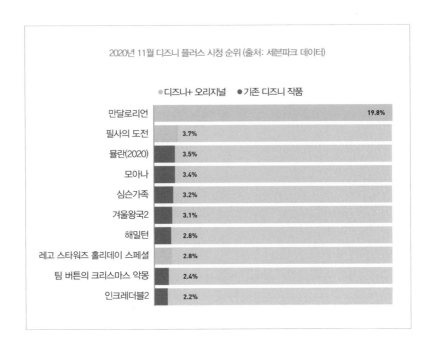

2020년 11월 디즈니 플러스 시청 순위 (출처: 세븐파크 데이터)

● 디즈니+ 오리지널 　● 기존 디즈니 작품

만달로리언	19.8%
필사의 도전	3.7%
뮬란(2020)	3.5%
모아나	3.4%
심슨가족	3.2%
겨울왕국2	3.1%
해밀턴	2.8%
레고 스타워즈 홀리데이 스페셜	2.8%
팀 버튼의 크리스마스 악몽	2.4%
인크레더블2	2.2%

2020년에만 20억 달러를 제작비로 쏟아부었다. 디즈니는 제작비를 계속 증가시켜 오는 2024년에는 연간 85억 달러를 콘텐트에 투자할 계획이다. 매년 20억 달러 정도를 더 투자한다는 계획이다.

발표회 당시 밥 체이펙 디즈니 CEO는 디즈니+의 가입자도 공개했다. 2020년 11월 현재 무려 8,700만 명의 가입자를 모았는데, 서비스 시작 1년도 안 되어 이뤄낸 성적이다. 8,700만 명의 가입자 중 30%가량은 인도 지역이었다. 디즈니+ 이용 가격이 가장 낮은 곳 중 하나다.

처음 서비스할 때만 해도 디즈니는 5년 목표를 8,500만 명으로 잡았다. 디즈니+의 이 같은 급성장은 저렴한 가격에도 기인한다. 현재는 월 6.99달러로 프리미엄 스트리밍 서비스 최하 수준이다. 이와 함께 영화 수준 품질의 콘텐트도 가입자를 견인했다. 〈만달로리언〉, 〈해밀턴〉은 코로나바이러스 대유행 시대에 큰 인기를 끌었다.

조사 업체 세븐파크 데이터가 일부 패널들을 대상으로 조사한 바에 따르면 디즈니+ 이용자 10명 중 4명이 〈만달로리언〉을 시청한 것으로 조사됐다.

가입자 증가에 대한 자신감으로 디즈니는 향후 가입자 전망도 수정했다. 디즈니는 오는 2025년 2억3천만 명~2억6천만 명의 가입자를 확보할 것으로 예상하고 있다. 당초 디즈니는 오는 2024년에 9,000만 명 수준의 가입자를 확보할 것으로 예상했었다. 이와 관련하여 넷플릭스는 전 세계에서 1억9,500만 명의 가입자를 보유하고 있다. (2020년 9월 말 현재) 디즈니가 서비스를 시작한 지 1년 만에 넷플릭스 가입자의 절반까지 따라온 것이다.

디즈니+의 선전으로 전체 디즈니 그룹의 스트리밍 가입자는 1억3,700만 명을 기록했다.(2020년 11월 현재) 디즈니+ 가입자가 8,630만 명이고, 또 다른 스트리밍 서비스인 훌루Hulu가 3,880만 명의 가입자를 보유하고 있다. 스포츠 스트리밍 서비스인 ESPN+도 미국에서 1,150만 명의 구독자를 확보했다. 그러나 이 수치들은 글을 쓰는 지금도 계속 바뀌고 있다. 디즈니가 최단 기간 가입자 증가 기록을 세울 것으로 예측된다.

2020년 12월에 있었던 투자자 발표회에서는 디즈니의 자신감이 드러난 장면도 연출됐다. 본격적인 발표가 있기 전 애니메이션 〈라이언 킹Lion King〉에 나오는 유명 대사 '우리의 남은 날은 잘 될 거야(하쿠나 마타타Hakuna Matata)'가 계속 연주됐다. 바로 디즈니+에 대한 자신감이다.

미국 증권가는 곧바로 반응했다. 그동안 월가는 테마파크 폐쇄와 케이블TV 채널 시청률 저하로 인해 디즈니에 대한 평가를 낮춰왔던 것이 사실이다. 그러나 스트리밍 서비스 실적 발표 다음 날인 12월 5일, 디즈니의 주가는 당시 기준 사상 최고인 174달러를 기록했다. 그동안 증권가 애널리스트들은 디즈니+의 가입자 실적을 향후 5년 내 5,500만 명에 불과할 것으로 예측해왔었다.

그러나 디즈니의 앞날에 햇빛만 있지는 않다. 수많은 경쟁도 도사리고 있다. 현재 디즈니는 4개의 스트리밍 서비스를 운영하고 있다. 디즈니+, 홀루, ESPN+ 그리고 홀루의 해외 버전인 스타+ Star+ 다. 특색 있는 서비스지만 모두 구독할 경우 부담스러운 가격이다. 물론 묶음 상품 Bundle 을 준비하고 있지만 해외 시장에서 효과가 있을지는 아직 알 수 없다. 넷플릭스는 이 4개 서비스를 합친 만큼의 콘텐트를 하나의 상품에서 서비스하고 있다.

누적 적자도 부담이다. 디즈니 고객 직접 부문 Direct-to-Consumer Division 의 2020년 손실액은 28억 달러였다. 물론 아직은 투자 기간이라는 평가다. 그렇지만, 코로나바이러스 장기화로 인해 테마파크를 통한 현금 확보가 어려운 상황인 만큼 적자 탈출이 중요하다. 이와 함께 디즈니는 자신들의 라이브러리 콘텐트 library Content 를 넷플릭스 등과 같은 외부 회사에 판매하지 않고 디즈니+에 제공함에 따라 수십억 달러의 저작권료 licensing fees 를 포기할 수밖에 없다.

넷플릭스와 아마존은 현존하는 경쟁자다. 매년 오리지널 콘텐트에 수십억 달러를 쏟아붓고 있다. 또 워너미디어와 바이어컴CBS, NBC유니버설, 디스커버리 커뮤니케이션 등 전통의 할리우드 스튜디오들도 스트리밍 시장에 뛰어들었다. 이들 역시 버거운 상대다.

디즈니는 해외 시장을 디즈니+ 확대를 위한 필수 서비스로 보고 있다. 투자자 발표회 당시에도 해외 공략을 위한 새로운 스트리밍 서비스 스타Star와 스타+에 상당 부분 할애했다. 스타에는 디즈니의 전략 채널인 ABC, FX, 프리폼Freeform과 서치라이트Searchlight, 20세기 스튜디오 등 FOX의 주요 채널 프로그램이 공급된다. 스타+는 2021년 6월 라틴 아메리카 시장에 서비스되며, ESPN과 ESPN+의 몇몇 스포츠 중계 프로그램도 포함된다. 물론 디즈니+와의 번들 상품도 제공된다.

유럽과 캐나다, 오스트리아, 싱가포르를 비롯한 몇몇 시장의 경우, 스타+와 디즈니+가 통합되어 출시된다. 이는 기존 디즈니, 마블, 픽사 등의 가족 전용 라인업과 함께 〈데드풀 2 Deadpool 2〉, 〈패밀리 가이 Family Guy〉 등 성인을 위한 콘텐트도 디즈니+에서 동시에 볼 수 있음을 의미한다.

홍콩과 한국은 2021년 말 서비스가 시작될 것으로 예상된다. 다만, 스타+가 포함된 디즈니+의 경우 이용 가격이 약 28% 오른 월 11달러가 될 것이라고 회사는 밝혔다.

또 다른 스트리밍 서비스인 훌루는 미국 전용 서비스로 육성된다. 〈나인 퍼펙트 스트레인저스Nine Perfect Strangers〉와 같은 오리지널 콘텐트가 계속 공급된다. 〈나인 퍼펙트 스트레인저스〉는 월트 디즈니 텔레비전의 회장 다나 왈든Dana Walden이 '멈출 수 없는 콘텐트'라고 지칭했을 만큼 디즈니가 큰 기대를 걸고 있는 작품이다. 참고로 이 드라마에는 레지나 홀Regina Hall, 니콜 키드먼Nicole Kidman 등이 출연한다.

디즈니는 2020년 12월 투자자 발표회 이후 회사 전략과 관련한 공식 발표를 추가로 하지 않았다. 그래서 그날 발표한 전략이 최신 버전이 된다. 이 자리에서 디즈니는 자사의 새로운 영화 배급 방식을 정의했다. 코로나바이러스 대유행으로 대다수 극장이 문을 닫은 상황에서 극장 퍼스트First라는 비즈니스 모델의 변화가 불가피하기 때문이다. 실제로 2020년 많은 영화들이 개봉을 연기하거나 스트리밍 서비스로 옮겨 탔다. 2020년 9월 영화 〈뮬란Mulan〉은 디즈니+에서 프리미엄 VOD라는 이름으로 30달러에 서비스됐다. 반면 디즈니가 보유한 픽사의 영화 〈소울Soul〉은 2020년 크리스마스에 추가 비용 없이 디즈니+에 공개됐다.

이 자리에서 디즈니는 3가지 영화 개봉 모델을 공개했다. 극장에 먼저 개봉하는 영화(대부분 대작), 디즈니+에 유료로 공급되는 영화(프리미엄), 무료로 스트리밍 서비스 디즈니+에 공급되는 영화 등이 그것이다. 플랫폼과 영화의 선별 기준은 제작비와 화제성 등에 따라 결정된다. 2021년 모든 영화를 스트리밍 서비스와 극장에 동시개봉 하기로 한 워너미디어와 완전히 다른 결정이다. 디즈니가 미국 영화 시장의 40%를 장악하고 있다는 점을 고려하면 이 선택은 어느 정도 이해가 된다.

이 기준에 따라 디즈니 마블의 영화 〈블랙 위도우Black Widow〉가 2021년 5월 7일 극장에 먼저 독점 개봉한다. 다른 마블 영화 〈샹치 앤 더 레전드 오브 더 텐 링스Shang-Chi and the Legend of the Ten Rings〉가 7월, 〈이터널스The Eternals〉가 11월 극장에 선보인다. 이들 영화는 모두 대작이기 때문에 극장을 건너뛸 수 없다. 그 외 다수의 영화는 극장이 아닌 디즈니+에서 공개된다. 영화 〈라야와 마지막 드래곤Raya and the Last Dragon〉은 디즈니+와 극장에 동시 공개된다. 서비스 가격은 30달러의 프리미엄 방식이다. 그러나 마블 영화의 경우 코로나바이러스 대유행 상황에 따라 개봉일이 다시 변경되거나 디즈니+로 직행할 수도 있다. 이미 한 차례 개봉을 미룬 〈블랙 위도우〉는 전 세계 110억 달러를 벌어들였던 〈어벤져스〉의 첫 번째 후속작인 만큼, 최대한 안전한 시기에 극장 개봉을 원하고 있다. 그러나 2020년 상황도 예상 없이 찾아온 만큼 미래도 아직 불투명하다.

디즈니는 스트리밍 서비스들을 띄우기 위해 미국 1위 케이블TV 사업자 컴캐스트Comcast와 손을 잡았다. 컴캐스트의 케이블TV 서비스인 엑스피니티 X1 Xfinity X1과 플렉스Flex에 디즈니+와 ESPN+를 통합해 제공하는 계약이다. 이 협업은 디즈니+의 저변 확대를 위해 매우 중요하다. 이제 디즈니는 컴캐스트의 2,000만 인터넷, 케이블TV 고객에게 접근할 수 있게 되었다. 컴캐스트의 경우, 자회사 NBC유니버설을 통해 자체 스트리밍 서비스 피콕을 서비스하고 있음에도 점유율 확대를 위해 과감한 제휴를 선택했다. 컴캐스트 입장에서도 케이블TV 가입자를 지키기 위한 고육책이다.

이에 대해 디즈니 스트리밍 서비스 부문 대표인 마이클 폴Michael Paul은 뉴욕타임스와의 인터뷰에서 "컴캐스트 가입자들은 모바일 및 기기를 연결해 사용할 수도 있어 실제로는 더 많은 이용자가 디즈니+를 이용할 것"이라고 설명했다.

디즈니의 선전은 글로벌 스트리밍 시장 경쟁을 더욱 치열하게 몰고 갈 것으로 보인다. 100여 년의 역사를 가진 디즈니가 내놓을 100여 편의 새로운 콘텐트 프로젝트가 시장 판도를 어떻게 바꿔 놓을지에 대해 시장의 관심이 집중되고 있다. 코로나바이러스는 미디어 기업이 생각했던 것보다 훨씬 강했고, 그들의 미래에 대한 준비도 무력화시켰다. 이에 글로벌 스트리밍 시장은 예상보다 더 뜨겁다. 2020년 12월에는 디스커버리+도 스트리밍 시장에 합류했다. 이용 가격이 월 4.99달러인데 자연 다큐멘터리 최강자가 시장에 들어왔다는 사실만으로도 업계에 퍼진 긴

미국 스트리밍 서비스 가입자 전망

(단위 : 백만)

	2018	2019	2020	2021	2022	2023	2024
넷플릭스	147.4	154.4	168.9	171.7	175.5	179.0	182.2
아마존 비디오	93.3	106.6	130.1	136.9	143.2	148.8	154.2
훌루	57.0	76.3	94.5	99.7	106.1	111.5	115.6
디즈니+	–	–	72.4	84.9	98.5	110.5	123.4
애플TV+	–	–	18.8	26.4	31.6	36.4	40.9
ESPN+	3.4	12.6	15.9	19.8	22.5	24.4	25.8
전체 가입자 수	170.5	183.4	207.5	209.9	214.3	218.3	222.0

장감은 엄청나다.

세상의 열기는 한국에도 전해진다. 한국도 예외는 아니다. 디즈니+의 한국 진출은 2021년 하반기다. 이 말은 2021년 이후 한국 스트리밍 시장 경쟁이 더욱 치열해질 것임을 의미한다. 디즈니는 단순한 디즈니+가 아닌 ABC, FX, 프리폼 등이 함께 포함된 '통합형 디즈니+' 모델을 상륙시킬 가능성이 크다. 비슷한 시기에 HBO맥스도 한국에 상륙한다.

구독자를 차지하기 위한 사업자 간 경쟁이 불가피해 보인다. 한국 미디어 기업들도 준비를 서두르고 있다. 다행스러운 건 미디어 소비는 가치투자라는 것이다. 거대 기업이 항상 승리의 방정식을 쓰지는 않는다. 물론 우리가 준비되어 있었을 때의 이야기다.

한편, 미국 뉴욕에 본사를 두고 있는 e마케터 eMarketer 는 향후 5년 내 디즈니가 디즈니+ 가입자를 급격히 늘려 미국 인구의 33%가 이를 이용할 것으로 전망했다. 숫자로 표현하면 1억5,420만 명이다. 이 기간 미국 내 넷플릭스 가입자는 1억8,220만 명에 달할 것으로 내다봤다. e마케터는 한 달에 한 번 이상 앱이나 인터넷을 통해 스트리밍 서비스를 이용한 사람을 가입자로 분류했다.

이 두 서비스를 합치면 3억 명이 넘는데, 미국 인구의 80%에 가까운 사람들이 이 두 스트리밍 서비스를 볼 것이라는 예상이다. e마케터의 로스 벤스Ross Benes 선임 연구원은 "다른 서비스들은 콘텐트 수급이나 기존 브랜드들과의 관계 설정, 고품격 콘텐트 제공 등의 문제로 고전할 것이며, 이런 문제에서 어느 정도 자유로운 디즈니+가 2024년 말 미국 인구 3분의 1의 가입자를 차지할 것"이라고 전망했다.

스트리밍, 타깃광고, 개인정보보호의 삼각관계

급성장하고 있는 스트리밍 TV 콘텐트에 투자하려는 광고주들은 일반 TV보다 더 효과적인 광고 효율과 핵심 소비자에게 직접 전달되는 타겟팅 기술을 원한다. 그러나 개인 정보 보호 문제는 디지털 미디어에 대한 광고 집행을 소극적으로 만든다. 광고 효과를 높이기 위해 개인 정보를 이용하려면 시청자 동의가 필수적이기 때문이다.

온라인 광고는 오랜 기간 기술에 의존해왔다. 쿠키Cookies 나 추적 기술을 이용해 개인에 최적화된 광고를 제공하는데, 이때 온라인 사이트를 이용하면서 쌓인 정보를 활용한다. 광범위한 개인 모니터링과 타겟팅 때문에 소비자들 사이에서 광고 차단 솔루션Ad blockers 사용이 일반화되기도 했다. 구글이나 애플 같은 기술 대기업들은 이 같은 소비자들의 움직임을 달가워하지 않았다.

광고주들은 스트리밍 TV 시대에는 이런 문제가 반복되지 않기를 바

란다. 데이비드 스펜
서 GM 오디언스 구
매 전략 이사는 월스
트리트저널과의 인터
뷰에서 "업계 입장에
서는 소비자의 개인
정보를 수집하지 않
을 수 없다. 그러나 수
년 전 인터넷에서 일
어났던 것과 같은 실
수를 반복할 수는 없
다."고 언급했다.

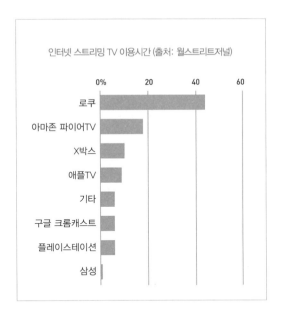

인터넷 스트리밍 TV 이용시간 (출처: 월스트리트저널)

인터넷을 통한 스트리밍 TV 이용자가 늘수록 개인 정보 보호 등의 리스크도 커지고 있다. 개인 시청자가 보는 TV 콘텐트를 플랫폼이나 광고주들이 알 수 있다는 우려다.

최근 개인 정보 이슈를 피하면서도 개인의 TV 시청 현황을 파악할 수 있는 기술 개발이 한창이다. 비지오Vizio 나 삼성 등 스마트TV 제조사, 기술 기반 광고 기획사, 시청률 분석 회사 등은 자동 콘텐트 인식 기술ACR, Automated Content Recognition Technology 을 이용해 시청 패턴을 분석하고 있다. 시청자들의 별도 응답이 없어도 자동으로 시청 채널이나 콘텐트를 파악할 수 있는 기술이다. ACR 기술은 시청자들이 케이블TV나 안테나 직접 수신 등을 통해 프로그램을 시청해도 시청 패턴을 모두 파악할 수 있다. 광고 기술 회사 이노비드Innovid 의 CFO인 탈 찰로진Tal Chalozin 은 월스트리트저널과의 인터뷰에서 "보통의 소비자들은 스마트TV가 그들이 하는 행동을 분석할 수 있다고 생각하지 않는다. 어느 시점에는 관련 규제가 도입되거나 사용자 정보가 다른 플랫폼으로 흘러가지 않도록 하는 통제력에 대해 검토하게 될 것이다."라고 설명했다.

분쟁은 이미 시작되었다. 2017년 TV 제조사 비지오Vizio는 스마트TV 이용자들의 시청률을 조사하고 고객 동의 없이 이 데이터를 마케팅 회사에 넘긴 혐의를 받고 FCC와 조정 합의를 한 바 있다. 당시 비지오는 미연방 방송통신위원회FCC의 문제 제기로 2,200만 달러의 조정 합의금을 지급했다. 또 향후 마케팅 회사에 고객 데이터를 넘길 경우, 반드시 이용자 동의를 거치도록 했다.

비지오는 이 절차를 TV를 처음 세팅할 때 제공하기로 했다. 옵트 아웃Opt-Out 이라는 방식인데, 기본적으로는 광고를 허용하되 소비자들이 거부하면 내보내지 않는 것이다. 비지오는 1,600만 명의 TV 보유자(구매자의 90% 이상)가 이미 그 방식을 받아들이고 있다고 설명했다.

TV 데이터 수집 및 분석 업체 알폰소Alphonso의 최고 제품 책임자인 라그후 코디지Raghu Kodige는 월스트리트저널과의 인터뷰에서 "소비자들이 그들의 개인 정보가 어떻게 수집되고 사용되고 삭제되는지 완전히 이해한다면 개인 정보 사용을 허락할 것이다. 어떤 사람들은 이런 데이터들을 이용해 자신에게 딱 맞는 프로그램을 추천해주기를 원한다."고 언급했다. 현재 알폰소는 TV 제조사와 협업해 어떤 고객의 데이터를 수집할지, 시청자들이 그들의 TV를 구성할 때 어떻게 구성할지, 콘텐트 검색과 이용자 동의 등을 어떻게 할지 등을 실험하고 있는 것으로 알려졌다. 영화, 방송, 스포츠 경기를 분석해 시청자가 보는 최종 화면 구성을 개인화하는 것이다.

소비자의 이용 패턴을 파악하는 주요 수단이었던 인터넷 쿠키Cookie를 대체하려는 온라인 광고 업계의 노력이 결실을 얻고 있다. 광고 기술 기업Ad-tech Company인 트레이드 데스크Trade Desk는 'Unified ID 2.0'으로 불리는 사용자 식별 시스템을 개발하고 있다. 이 시스템은 사용자들의 이메일을 개인 정보 삭제 후 암호화해 마케팅에 이용하는 것이 골자다. 물론 스마트TV 애플리케이션에도 적용할 수 있다. 그러나 고객 데이터를 직접 이용하는 것이 아니기 때문에 효과나 정확성은 다소 떨어질 수 있다. 로쿠나 훌루 같은 스트리밍 서비스 사업자들은 고객 과금과 식별을 위해 이메일 주소를 직접 수집하고 있다. 하지만 마케팅 용도로의 제공은 다른 문제다.

스트리밍 TV 마케팅 회사들은 페이스북과 구글 등 인터넷 대기업들이 구축했던 폐쇄적인 인터넷 광고 시스템과 달리 열린 생태계를 구성하길 원한다. 고객 데이터를 합법적으로 활용해 광고주에게 다양한 부가 서비스를 제공하는 형태다.

고객 정보를 보호하면서 취향을 분석하는 기술의 개발은 맞춤형 고객 데이터를 이용해 큰 광고 효과를 얻는 방법일 수 있다는 것이 전문가들의 분석이다. 데이터가 무분별하게 사용되는 것을 막는 동시에 여러 플랫폼과 애플리케이션에서 노출되는 광고의 효과를 추적하고 측정할 수 있기 때문이다. 이럴 경우, 스마트TV는 광고 플랫폼으로서의 가치가 매우 높아진다.

미국에서 나타나는 변화지만 한국도 비슷한 흐름이 될 것으로 보인다. 우리나라도 이미 스트리밍 시장으로 넘어가고 있으며 스마트TV 보급률도 일정 수준을 넘어섰다. 시장조사업체 IHS마킷은 전체 TV 시장 내 스마트TV의 점유율이 2017년 64%에서 2020년 76%, 2023년에는 84%를 넘어설 것으로 예상했다. 그런 흐름이면 한국도 조만간 스마트TV에서의 타깃 광고 시장이 본격적으로 형성될 것으로 예상된다. 스마트TV의 성장은 또 다른 경제를 만들고 있다. 사업자들에겐 새로운 기회다. 그러나 개인 정보 보호 문제 역시 지금 그리고 앞으로 더 큰 화두가 될 전망이다.

숏폼 성공의 열쇠는
형식이 아니라 콘텐트

숏폼 스트리밍 서비스 퀴비의 공동 CEO 맥 휘트먼Meg Whitman 이 거주하는 아파트는 아주 유명하다. 할리우드 스타들이 사는 고급 아파트인데다, 개인 테라스 등 시설도 훌륭하기 때문이다. 휘트먼은 지난 2018년 휴렛펙기드의 CEO 자리에서 은퇴한 지 3개월 뒤 LA로 옮겨왔다. 웨스트할리우드의 시에라 타워 Sierra Towers 24층에 자리한 6,500만 달러 아파트는 스카이라인 뷰, 홈시어터, 대리석 부엌 등을 갖춘 최고의 주거시설이다. 샌드라 블록, 엘튼 존, 에반더 홀리필드, 쉐어 등 할리우드 유명 인사들이 이곳에 살았다.

그녀가 이 아파트로 옮겨 온 이유는 제프리 카젠버그 Jeffrey Katzenberg 와 함께 퀴비 Quibi 를 운영하기 위해서다. 퀴비는 제프리 카젠버그와 맥 휘트먼이 의기투합해 만든 '숏폼 스트리밍 서비스'다. 할리우드 수준의 완성도를 갖춘 오리지널 콘텐트를 유튜브 수준의 길이, 다양성, 재미를 담아

퀴비의 공동 CEO였던 맥 휘트먼

제공하는 것이 목표였다.

　미국에서는 이 두 사람이 함께 사업을 한다는 것만으로도 크게 화제가 됐다. 대선 주자로까지 여겨졌던 맥 휘트먼과 드림웍스 애니메이션을 창업하고 경영한 할리우드 최고의 프로듀서 제프리 카젠버그의 만남이었기 때문이다.

　결국, 이 둘은 할리우드 스튜디오 등에서 17억 달러를 투자받아 숏폼 스트리밍 서비스 퀴비를 창업하는 데 성공했다. 퀴비는 유튜브를 보며 자란 밀레니얼, Z세대를 겨냥한 최고급 숏폼 프로그램을 만들기로 했다. 10분 전후의 짧은 드라마, 뉴스, 다큐멘터리, 교양 프로그램을 제공하는 것이 목표인데, 지하철을 타고 이동하거나 커피를 주문하고 기다리면서 잠깐씩 콘텐트를 즐기는 이들이 주된 타깃층이다.

　기대가 컸지만, 불안감도 있었다. 하지만 2년이 넘는 준비 기간을 거처 2020년 4월 16일 드디어 퀴비가 론칭했다. 그러나 희망이 절망으로 바뀌기까지 그리 오랜 시간이 걸리지 않았다. 코로나바이러스가 기승을 부린 시기에 집에 있는 고객들을 겨냥했는데 호응이 크지 않았다. 무료 이용 기간 90일이라는 파격적인 서비스를 제공했지만, 흥미를 끌지 못했다. 〈도망자Fugitive〉 등 오리지널 드라마와 NBC와 협업해 새로운 스타일의 뉴스를 서비스했지만, 반응이 신통치 않았다.

시장에서 고전하는 사이, 내부에서도 이상한 기류가 감지됐다. 2020년 여름이 지날 무렵, 휘트먼은 직원들에게 조직을 재정비하겠다고 말했다. 이후 휘트먼이 LA 아파트를 산 지 2년도 되지 않아 부동산에 매매를 의뢰한 것으로 알려졌고, 직원들도 상황이 심상치 않게 돌아간다는 것을 직감했다. 10월 이후, 조직의 동요가 본격적으로 시작됐다. 스트리밍 서비스에 뛰어든 지 일곱 달밖에 되지 않은 시기였다. 2020년 11월 휘트먼과 카젠버그는 임직원들에게 2020년 12월 1일부터 서비스를 중단하겠다고 밝혔다. 발표 당시 드림웍스 애니메이션 〈트롤Trolls〉의 배경음악 '다시 돌아올 거야Get Back Up Again'가 흘러나왔지만, 직원들은 깅한 배신감을 느꼈다.

퀴비의 실패 원인은 여러 곳에서 찾을 수 있다. 그중 가장 큰 문제는 '콘텐트'였다. 퀴비는 출범 초기부터 일관성 없는 콘텐트 라인업과 난해한 이름으로 조롱을 받았다. 10분 이하 숏폼 콘텐트를 내세웠지만, 시장의 소구점은 그리 크지 않았다.

퀴비는 숏폼 서비스인 유튜브에서 인기 있는 스타를 찾는 대신, 전통적인 할리우드 스타에 기댔다. 할리우드 유명 프로듀서와 스타들이 퀴비 콘텐트 제작에 참여했다. 그러다 보니 제작비가 천정부지로 올라

갔다. 짧게 치고 빠져야 하는 숏폼에 맞지 않는 포맷인 셈이다. 〈렛츠고, 아츠코Let's Go, Atsuko!〉 등을 퀴비에 공급한 프로듀서 에반 사피로Evan Shapiro는 블룸버그와의 인터뷰에서 "퀴비는 할리우드의 모든 것을 갖췄지만 정작 스타트업이 가져야 할 모든 것을 갖추지 못했다."고 말했다.

여기에 공동 경영자들의 고집과 불통, 소셜미디어 서비스에서의 홍보 부족, 코로나바이러스 대유행과 관련한 시장 이해의 부족, 스마트폰에 지나치게 집중한 마케팅이 겹치면서 17억 달러의 도박이 199일 만에 비극으로 종료됐다.

카젠버그는 할리우드 스튜디오에서 가장 유명하고 영향력 있는 프로듀서 중 한 명이다. 집권당인 민주당을 후원하는 큰손이기도 하다. 공동 CEO인 휘트먼은 성공한 경영자이자, 공화당 후보로 캘리포니아 주지사 선거에 출마하기도 한 인물이다.

휘트먼과 카젠버그는 2018년 25~35세의 젊은 층을 공략하는 새로운 방송 서비스를 내놓기로 합의하고 세일즈에 나섰다. 퀴비의 탄생인데, 초기 반응은 좋았다. 두 사람의 명성과 자신감 덕분에 디즈니, 21세기폭스, NBC유니버설, 소니픽처스, 바이어컴, 알리바바 등으로부터 거액의 투자 유치에 성공한다. 첫 투자금만 10억 달러가 넘었다. 인맥을 활용해 유명 배우와 감독들도 대거 끌어모았다. 스티브 스필버그, 오프라 윈프리 등을 한자리에 모이게 하는 능력에 시장은 감탄했다. 17억 달러의 자본금으로 화려하게 출발한 것도 잠시, 199일만에 포기를 선언했다. 갑작스러운 퀴비의 퇴장은 많은 이야기를 남겼다. 실패를 통해 우리는 분명히 배울 것이 있다.

CEO 제프리 카젠버그는 아침형 인간이다. 회사 설립 이후 매일 새벽

3시 30분에 기상했다. 새벽 5시부터 7시까지 운동하면서 각종 뉴스를 찾아본 뒤, 페이스타임Facetime 으로 하루 20번 넘게 회의했다. 페이스타임은 거의 대부분 오후에 즉석 회의로 전환됐다.

그는 주로 프로그램 개발을 담당했는데 콘텐트를 크게 3개 영역으로 나눴다. 퀵 바이츠(짧은 비디오 영

퀴비의 공동 CEO였던 제프리 카젠버그

상), 데일리 에센셜(뉴스와 교양 프로그램), 라이트하우스 쇼(A급 배우가 출연하는 오리지널 콘텐트)가 그것이다.

퀴비 제작비의 대부분은 라이트하우스 쇼가 잡아먹었다. 블룸버그에 따르면 라이트하우스 쇼 포맷의 분당 제작비는 2만~12만5천 달러에 달했다. 이에 반해 뉴스 성격이 강한 데일리 에션셜 콘텐트의 분당 제작비는 대략 1만 달러 정도였다.

로렌스 피시번Laurence Fishburne 과 스테판 제임스Stephan James 가 주연한 〈#FreeRayshawn〉은 10분 내외 15개 에피소드의 제작비가 1,500만 달러나 됐다. 편당으로 계산하면 100만 달러 정도인데 과하다는 평가가 많았다. 참고로 넷플릭스의 〈기묘한 이야기Stranger Things 〉의 경우, 45분~1시간 에피소드의 제작비가 편당 600~800만 달러 정도였다. 디즈니+의 〈호크아이Hawkeye 〉, 〈완다비전 WandaVision 〉과 같은 마블 시리즈도 편당 제작비가 2,500만 달러 정도였다.

그러나 품질을 매우 중요시하는 카젠버그의 고집을 아무도 꺾지 못했

다. 카젠버그는 본인의 경험을 지나치게 맹신했다. 전·현직 직원들이 모두 문제라고 지적한 부분이다. 69세의 노쇠한 프로듀서는 캐스팅에서부터 그래픽 디자인까지 제작의 모든 부분을 점검하고 지시했다. 페이스타임을 통해 그의 노트를 보여주며 일일이 간섭했다.

특히, 카젠버그는 유명 연예인을 캐스팅하는데 많은 돈을 썼다. 리암 헴스워스, 크리스토프 왈츠 주연의 〈모스트 데인저러스 게임 Most Dangerous Game〉, 아나 켄드릭 주연의 〈더미 Dummy〉, 제니퍼 로페즈 주연의 〈땡스 어 밀리언 Thanks a Million〉 등이 대표적이다. BBC 스튜디오가 제작한 자연 다큐멘터리 〈피어스 퀸즈 Fierce Queens〉에는 리즈 위더스푼 Reese Witherspoon이 목소리 출연을 했는데, 그녀에게 600만 달러를 지급했다. (참고로 리즈 위더스푼의 남편 짐 토스 Jim Toth는 퀴비의 콘텐트 수급 담당 대표였다.)

결과적으로, 부하 직원들의 반발이 심해졌다. 스타들에게 지나치게 의존한다는 것이다. 블룸버그와 인터뷰 한 퀴비 직원은 "유튜브에는 수억 뷰를 기록하는 아마추어 스타들이 많다. 우리가 유튜버들을 이용해 콘텐트를 만들고 그들의 인기를 이용했다면 더 좋은 결과가 나왔을 것"이라고 지적하기도 했다. 처음엔 유튜브 인플루언서가 진행하는 프로그램이 있었지만 이내 할리우드 스타들의 방송으로 대체됐다.

또한 퀴비는 개방된 저작권 정책을 펼쳤다. 콘텐트를 편성한 지 2년이 지나면 창작자들이 콘텐트를 롱폼 포맷으로 다시 제작해 다른 플랫폼에 판매할 수 있게 한 정책이다. 7년이 지나면 저작권이 창작자들에게 귀속된다. 개방적 생태계를 구현했다는 평가를 받았지만, 신규 사업자로서는 많은 것을 감당해야 했다.

카젠버그는 회사 운영을 맥 휘트먼에게 맡겨 승부를 걸었다. 그러나 그녀는 퀴비를 운영할 만한 스타트업 운영 노하우가 부족했다. 그래서 휘트먼은 풍부한 경험의 CTO Chief Technology Officer 롭 포스트 Rob Post 를 훌루에서 영입했고, 상품 책임자 트리샤 리 Tricia Lee 를 소니에서 데려왔다. 이후 통신사 티모바일과 마케팅 계약을 맺고, 무제한 인터넷 요금제를 이용하는 고객에게 1년 무료 이용권을 주기로 했다.

퀴비는 기술적으로 좋은 평가를 받았다. 턴 스타일 Turn-Style 이라는 기술을 애플리케이션에 적용, 화면 전환에 따라 자연스러운 이미지 구성이 가능하게 했다. 쉽지 않은 기술이다. 하지만 휘트먼 역시 카젠버그를 상대하기 어려워했다. 결국, 휘트먼은 카젠버그가 그녀의 말을 가로막거나 직원들에게 세세한 것까지 지시하는 행동을 멈추지 않으면 사장 직을 그만두겠다고 엄포를 놓았다. 이후 두 사람은 회사 운영에 대해 거의 상의하지 않은 것으로 알려졌다. 공동 대표의 불협화음은 회사를 파국으로 몰고 갔다.

2020년 4월 6일 첫 론칭을 준비하면서 휘트먼과 카젠버그는 하나의 원칙에 합의했다. 퀴비는 오직 스마트폰에서만 볼 수 있다는 원칙이다. 2020년 3월, 코로나바이러스가 기승을 부릴 당시, 두 창업주는 몇 시간 동안 연기를 논의한 끝에 4월 론칭을 강행하기로 했다. 론칭 파티를 취소하는 대신 무료 이용 기간을 14일에서 90일로 연장하기로 했다.

첫 론칭의 허니문은 그리 오래 가지 않았다. 한때 퀴비는 애플 앱스토어에서 3번째로 다운로드가 많은 애플리케이션이기도 했다. 그러나 2주 뒤에 그 속도가 눈에 띄게 줄었다. 내부 폭로에 따르면 퀴비의 무료 이용 기간이 끝난 뒤 유료(4.99달러) 서비스 이용 고객은 10만 명이 채 되지 않았다. 대규모 고객 이탈은 어쩌면 예견된 일이었다. 오리지널 콘텐

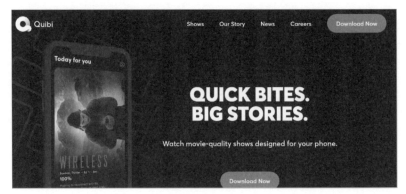

숏폼 스트리밍 서비스, 퀴비

트가 50여 개밖에 되지 않았고 쇼의 매력도 없었다.

투자자들은 퀴비가 콘텐트 양의 중요성을 간과했다고 말한다. 유료로 공개할 만한 콘텐트의 양을 갖추지 못했다는 이야기다. 퀴비에 3,500만 달러를 투자한 기술 벤처캐피털 페가서스Pegasus의 창업자 겸 총괄 파트너 아니스 우자만Anis Uzzaman은 "퀴비는 투자자들에게 모든 것이 잘 될 것이라는 긍정적인 전망을 내놨다. 그들은 가입자 성장률이 낮은 이유가 코로나바이러스 대유행 때문이라고 분석했고, 성장률도 그렇게 나쁘지 않다고 말했다."고 블룸버그와의 인터뷰에서 말했다.

퀴비는 전문가의 조언도 무시했다. 실망스러운 데뷔 몇 주 후, 카젠버그와 휘트먼은 마케팅 컨설턴트를 고용했다. 마케팅 전략을 다시 수립하기 위해서다. 그렇지만, 이 공동 창업자들은 마케팅과 관련한 핵심 조언들을 현실에 반영하지 않았다. 이 중 하나가 특정 TV쇼를 지정해 집중적인 마케팅 드라이브를 걸어야 한다는 것이었다. 지난 2013년 넷플릭스가 오리지널 드라마 〈하우스 오브 카드House of cards〉를 처음 론칭할 때 시도했던 방식이다.

그러나 이 두 명의 CEO는 컨설턴트의 조언에 반응하지 않고 작은 기술 변화에 생색을 냈다. 소셜미디어 서비스에서 퀴비를 더 잘 공유하게 했고, 무선 인터넷으로 TV와 연결해 볼 수 있는 에어플레이 Airplay 나 크롬캐스트 Chromecast 기능을 지원하게 했다. 스마트폰에서만 볼 수 있게 하던 원칙을 바꿨지만, 시장은 냉담했다. 오히려 갑작스러운 결정 때문에 기술팀이 스마트TV 전용 애플리케이션을 개발하는 데 어려움을 겪은 것으로 알려졌다. 이 같은 혼란의 결과, 2020년 9월 기준 퀴비 사용자 수는 40만 명에 불과했다. 당초 예상했던 2020년 말 740만 명에 턱없이 부족한 수치였다.

카젠버그와 휘트먼은 추가 투자와 함께 매각을 시도했다. 미국 현지 언론 보도에 따르면 애플 등에 접촉해 의사를 타진한 것으로 알려졌다. 애플 수석 부사장인 에디 큐 Eddy Cue 와 페이스북 애플리케이션 총괄 대표 피지 시모 Fidji Simo , 워너미디어 CEO 제이슨 키라 Jason Kilar 등과 직접 만나 매각이나 인수를 협상한 것으로 파악됐다. 그러나 결과는 좋지 않았다.

결국 공동 창업자들은 서비스 폐쇄를 결정했다. 그들은 직원과 투자자들에게 보낸 공개서한에서 "기업가로서 우리의 본능은 상황이 막혔을 때 다양한 우회로를 탐색하고 돈이 바닥날 때까지 돌을 던지지 않는 것이다. 그러나 지금은 자금이 다 소진됐고 회생 가능성이 없다고 판단했다."고 말했다. 당시 회사의 통장 잔액이 3,500만 달러까지 떨어진 상태였다.

갑작스러운 폐쇄 결정은 직원들과 창작자들을 당황하게 했다. 퀴비 직원들은 넷플릭스, 애플, 소니픽처스 등으로 일자리를 찾아 나섰다. 창작자들은 더더욱 대책이 없었다. 일부 작가들은 이미 새 시즌이나 에피소드를 만들고 있었기 때문이다. 심지어 카젠버그의 사업 중단 발표 몇 시간 전 기획자 마이크 캐더우드Mike Catherwood는 교도소 수감자가 가족들과 새로운 삶을 사는 애니메이션 시리즈 〈루디 Rudy〉에 대한 기획안을 퀴비 경영진과 주고받았다. 캐더우드의 팀은 이미 10분 길이의 각본을 써둔 것으로 알려졌다. 그는 이 드라마를 편성해줄 새로운 스테이션이나 서비스를 찾아야 했다. 이와 관련 몇몇 전직 퀴비 직원들은 "퀴비가 저작권 등을 포함해 회사 자산을 매각하기 위해 법률 및 회계 전문가들과 작업할 것"이라고 이야기하기도 했다. 캐더우드는 블룸버그와의 인터뷰에서 "나는 이 프로젝트를 발전시키고, 방송할 방법을 강구 중"이라고 언급했다.

퀴비의 두 리더도 다음 직업을 찾고 있다. (글을 쓰는 현재 그렇다) 휘트먼은 바이든 행정부 내각에 합류할 것이라는 소문이 있다. 그녀는 LA 아파트를 부동산 시장에 내놓은 이후, 민주당 대선 후보 전당대회 기간에 바이든을 공개 지지하기도 했다. 그녀가 공화당 후보로 캘리포니아 주지사 후보에 나갔다는 점을 감안하면 아이러니한 일이다. 카젠버그의 다음은 불분명하다. 그러나 분명한 사실은, 그의 열정을 감안했을 때 엔터테인먼트 업계를 떠날 시기는 아니라는 분석이다. 몇몇은 카젠버그가 은퇴해서 노후를 보낼 때가 됐다고 말하지만 말이다. 카젠버그는 퀴비의 실패가 경력의 마지막 장이 되길 원치 않을 것이다.

퀴비의 실패가 우리에게 주는 교훈이 있다. 새로운 기술과 높은 품질의 콘텐트가 시장에서의 성공을 보장해주지는 않는다는 점이다. 할리우드에서 가장 뛰어난 연출력과 기술력을 가졌지만 결국 시청자들의 선택을 받지 못했다. 시청자들은 복잡하지만 어쩌면 단순하기도 하다. 적당한 가격에 재미있는 콘텐트를 보고 싶은 것이다. 포맷이나 길이가 어떻고 하는 건 다음 문제다. 미국에 진출하는 한국 콘텐트 기업들이 명심해야 할 부분이다.

지금 카카오TV, 네이버 등 다양한 숏폼 스트리밍 서비스가 시작되고 있는 한국에서도 퀴비의 실패에서 얻을 게 많다. 2020년 12월 24일에는 온라인 유통 서비스 쿠팡도 '쿠팡플레이'를 내놓으면서 스트리밍 시장에 뛰어들었다. 쿠팡은 오리지널 프로그램을 공급하겠다는 전략도 밝혔다. 2021년에는 디즈니+, HBO맥스 등도 한국 시장에 진출한다. 한국의 스트리밍 서비스들이 미국 기업의 공세를 막아내기 위해서는 차별화된 오리지널 프로그램의 공급이 필수다. 오리지널 콘텐트는 제작비와 기획력이 매우 중요하다.

퀴비의 실패는 '자금이 중요하지만, 제작비가 모든 것을 결정하지는 않는다'는 사실을 보여줬다. 한국에 맞는 적정 투자, 적정 제작비의 산출이 필요해 보인다. 물론 글로벌시장 진출은 전혀 다른 문제다. 그리고 좋은 투자가 좋은 결과를 낳는다는 진리는 여전히 유효하다.

influencer

콘텐트 공급 방식은
소비자의 입맛에 맞춰야 한다

워너브러더스Warner Bros는 1903년 미국 펜실베이니아Pennsylvania 지역의
극장으로 사업을 시작했다. 당시에는 〈카사블랑카Casablanca〉와 같은 할리
우드 최신(지금은 클래식) 영화를 도시 노동자들을 위해 제작하고 상영
하는 창작 회사였다. 그래서 워너의 역사는 미국 영화가 걸어온 길과 같
다. 이런 워너가 2020년 미국 영화 시장에 새로운 역사를 썼다.

코로나바이러스가 할리우드를 바꾸고 있다. 극장 → VOD → TV로
이어지는 전통적인 신작 콘텐트 개봉 방정식에 균열이 오고 있다. 2020
년 12월 4일, 워너브러더스는 2021년에 개봉하는 모든 영화를 스트리
밍 서비스(HBO맥스)와 극장에 동시 공개하겠다고 전격적으로 밝혔다.
지금까지 극장 개봉 기간을 줄이거나 극장을 건너뛰고 스트리밍 시장에
직행하기로 결정한 콘텐트 사업자는 있었지만, 동시개봉 전략을 완전도
입한 건 워너가 처음이다. 워너브러더스가 2021년 개봉하기로 한 영화

는 모두 17편이다. 새로운 질서가 시작된 것인데, 콘텐트 시장에도 의미 있는 변화여서 책에 서술해 본다.

워너의 이 결정은 두 가지 효과를 노린 것으로 보인다. 스트리밍 서비스 HBO맥스의 활성화와 대작 영화의 생존 판로 모색이 그것이다.

워너미디어는 2020년 5월에 스트리밍 서비스 HBO맥스를 시작했다. 그러나 디즈니+, 넷플릭스 등과 경쟁하기에는 오리지널 콘텐트가 부족했다. HBO라는 프리미엄 채널이 있지만, 케이블TV 사업도 병행해야 해서 스트리밍 서비스만을 위한 콘텐트 제작이 제한적이었다. 이런 상황에서 워너미디어의 영화 공급이 구세주 역할을 했다. 영화 측면에서도 HBO맥스가 코로나바이러스 대유행 속 관객을 만날 수 있는 유일한 길일 수 있다. 코로나바이러스 대유행이 지속되면서 극장의 온전한 개방 시기가 점점 밀리고 있기 때문이다.

다만, 워너미디어의 신작 영화 동시개봉은 한 달이라는 유효 기간이 정해져 있다. 한 달 뒤에는 스트리밍 서비스에서 빠진 뒤 극장에서만 상영을 이어간다. 이 정책의 성공 여부는 2022년 이후에나 판가름 날 것이다. 이 결과를 지켜보면서 다른 스튜디오들도 영화 배급 정책을 손볼 것이다. 아니, 이미 그렇게 하고 있다.

할리우드 스튜디오들은 그동안 극장에 90일의 단독 개봉 기간을 허용했다. 적어도 코로나바이러스 대유행 이전에는 그랬다. 그러나 이제 모든 것이 바뀌었다.

스트리밍 서비스 HBO맥스에서는 2021년부터 대작 영화를 개봉 즉시 볼 수 있게 됐다. 〈수어사이드 스쿼드Suicide Squad〉의 속편, 〈고질라 대 킹콩Godzilla vs. Kong〉, 〈듄Dune〉, 〈매트릭스 4The Matrix 4〉 등의 영화가 먼저 HBO맥스에서 관람객을 만난다. 린 마구엘 미란다Lin-Manuel Miranda의 영화 〈인 더 하이츠In the Heights〉, 클린트 이스트우드의 영화 〈크라이 마초Cry Macho〉, 유명 미국 드라마 〈소프라노스Sopranos〉의 프리퀄로 알려진 〈매니 세인트 오브 뉴어크The Many Saints of Newark〉 등 이목을 끄는 중급 예산의 영화들도 HBO맥스에서 만날 수 있다.

HBO맥스는 이 17편의 영화가 현재 고전하고 있는 가입자 확보 전쟁에 활력을 불어넣어 줄 것으로 기대하고 있다. HBO맥스의 성공은 워너미디어의 미래를 위해 무엇보다 중요하다.

백신Vaccine이 공급됐지만, 할리우드에서는 적어도 2021년 가을까지 극장 수요가 회복되지 못할 것이라는 전망이 강하다. 그래서 많은 할리우드 스튜디오들이 2021년 3분기 이후로 대작 영화의 개봉 시기를 조정했다.

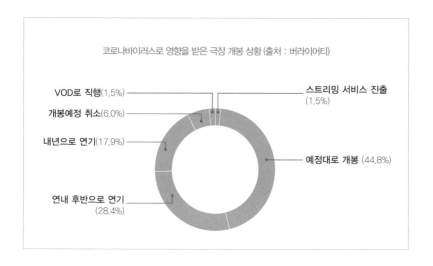

코로나바이러스로 영향을 받은 극장 개봉 상황 (출처 : 버라이어티)

VOD로 직행(1.5%)

개봉예정 취소(6.0%)

내년으로 연기(17.9%)

연내 후반으로 연기 (28.4%)

스트리밍 서비스 진출 (1.5%)

예정대로 개봉 (44.8%)

워너미디어 CEO 제이슨 키라Jason Kilar 는 "다른 산업들처럼 지금 극장 시장은 큰 어려움을 겪고 있다. 단 지금은 코로나바이러스 대유행의 중간에 있고 이를 해결할 다양한 방법을 찾고 있다."고 설명했다. 코로나바이러스 확산이 언제 끝날지 모르는 상황에서 콘텐트 수익을 극대화할 방법을 적극적으로 찾겠다는 이야기다. 모든 가능성을 열어 두긴 했다. 키라는 "우리가 할 수 있는 한 가지 방법은 대작 영화를 지속적으로 시장에 공급하는 것"이라며 "백신이 양산되어 보급되더라도 2021년에는 동시개봉 전략을 유지할 것"이라고 설명했다.

HBO맥스는 워너의 이 결정으로 천군만마를 얻은 기분일 것이다. 적어도 2021년 한 해 동안 어느 스트리밍 서비스에도 없는 단독 콘텐트를 확보하게 됐기 때문이다.

워너의 영화는 한 달간 HBO맥스와 극장에서 동시개봉한 다음, 다른 스트리밍 서비스 및 DVD 시장으로 유통된다. 이후 어느 정도 수익

HBO맥스의 영화 〈플라이트 어텐던트 The Flight Attendant〉

을 올리고 나면 다시 HBO맥스에 돌아오게 된다. HBO맥스에서 시작해 HBO맥스로 끝나는 콘텐트의 순환 사이클이다. 특히, 2021년 글로벌 스트리밍 시장 경쟁이 매우 치열할 것으로 보여 워너의 선택이 HBO맥스에 아주 큰 도움을 줄 것으로 전망된다.

토비 에머리히 Toby Emmerich 워너브러더스 픽처스 그룹 의장은 이 개봉 전략을 "코로나바이러스가 만든 동시개봉"이라고 규정했다. 에머리히는 버라이어티와의 인터뷰에서 "2021년 4분기에도 정상으로 돌아올지 정확히 알 수 없다. 전문가들과 논의한 끝에 최대한 신중하게 접근하고 있다."라고 언급했다.

워너는 이 같은 동시개봉이 영구적인 전략 변화인지에 대해 확실히 하지 않고 있다. 모든 미래가 불투명하기 때문이다. 확실한 것은 HBO맥스가 진출하지 않은 외국에서는 워너미디어 영화의 극장 개봉을 1순위로 한다는 것이다. HBO맥스는 2021년 글로벌시장 진출을 계획하고 있다. 그러나 만약 그 지역에 HBO맥스가 진출한다면 이 같은 극장 개봉 전략도 바뀔 수 있다.

할리우드의 전문가들은 워너미디어의 이런 움직임이 다른 스튜디오들을 긴장시킬 것으로 보고 있다. 워너의 과감한 결정으로 인해, 과거로 돌아가는 일이 불가능해질 것으로 보인다. 이 결정은 다른 스튜디오들에게 극장 단독 개봉이라는 낡은 모델을 버리도록 강요할 수도 있다. 집에서 클릭해 신작 영화를 보는 데 익숙해진 고객들은 영화관의 독점 상영 기간을 인정하지 않을 수 있다.

워너를 시작으로 스트리밍 전쟁이 본격화할 수도 있다. 워너미디어를 소유하고 있는 AT&T의 최우선 과제도 HBO맥스를 넷플릭스의 확실한 경쟁자로 자리 잡게 하는 것이다. 넷플릭스는 미국에서만 7,300만 명, 글로벌시장에서는 2억 명의 가입자를 보유하고 있다. HBO맥스는 아직 부족하다. 유료 채널 HBO의 가입자는 지난 2020년 9월 말 3,800만 명이었다. 그러나 이 중 HBO맥스로 계정을 전환한(무료로 전환할 수 있다) 가입자는 860만 명에 불과하다. 아직은 갈 길이 멀다.

워너미디어는 HBO맥스를 지원하기 위해 수억 달러의 극장 수입까지 포기했다. 가장 큰 타격은 제작비 2억 달러 이상의 대작 영화다. 이런 영화는 극장에서 최대한 많은 수익을 올려야 하지만, 이제 그런 기회를 잃을 것이다. 그러나 AT&T는 장기전을 택했다. HBO맥스를 살려 미래 플랫폼을 장악하는 것이다.

디즈니도 움직이고 있다. 디즈니는 코로나바이러스 대유행 이후 가장 크게 영향을 받은 사업자 중 하나다. 큰 수익을 안겨주던 테마파크가 문을 닫았기 때문이다. 2020년 말에는 3만 명 이상의 무급휴직을 단행하기도 했다. 그러나 아이러니하게도 무급휴직과 동시에 디즈니의 주가는 올랐다. 그 이유는 스트리밍 서비스 디즈니+의 성공 때문이다.

워너는 2021년 모든 영화를 HBO맥스에서 상영한다는 소식을 전하는 동시에 마케팅도 시작했다. 워너의 트위터에는 이런 글이 올라왔다. "나는 올해 당신을 위해 멋진 일을 준비했다.I got you something nice this year" 2021년에는 극장과 동시에 스트리밍 서비스에서 신작 영화를 볼 수 있다는 이야기다. 새로운 미래가 시작된다는 의미이기도 하다.

에머리히 회장은 극장과 스트리밍 서비스가 동시에 윈-윈 할 수 있다고 말한다. 그는 미국 언론과의 인터뷰에서 "우리는 HBO맥스를 보는 고객들도 여전히 극장 경험을 중요하게 생각한다고 믿는다. HBO맥스 가입자들과 안정적인 영화 공급을 원하는 극장주들 양측에게 윈-윈이 되기를 바란다."라고 언급했다.

미국 극장 업계는 크게 긴장하고 있다. 워너의 동시개봉 발표 직후, 미국에서 가장 큰 극장 체인인 AMC엔터테인먼트의 주가가 16%나 떨어졌다. 2위 극장 체인인 시네마크Cinemark 는 그보다 더 심해서 무려 22%나 주가가 추락한 바 있다. 아이맥스, 마커스Marcus 같은 극장의 주가도 바로 반응했다.

사실, 세상이 변할 것 같다는 극장들의 우려는 지난 2020년 하반기부터 시작됐다. 2020년 11월 워너브러더스가 신작 〈원더우먼 1984〉를 크리스마스에 HBO맥스와 극장에 동시에 공개하겠다고 밝힌 이후부터다. 일회성 이벤트라고 생각했던 극장들은 HBO의 충격적 발표에 곧바로 대응했다.

아담 아론 AMC엔터테인먼트 회장은 "비정상적인 사회 상황은 스튜디오와 극장에 새로운 선택을 강요했다. AMC는 워너미디어의 발표에

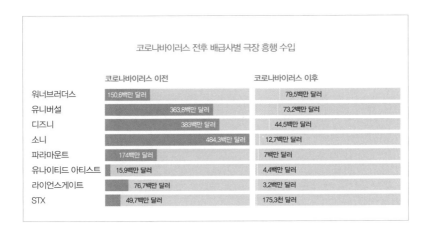

코로나바이러스 전후 배급사별 극장 흥행 수입

	코로나바이러스 이전	코로나바이러스 이후
워너브러더스	150,6백만 달러	79,5백만 달러
유니버설	363,8백만 달러	73,2백만 달러
디즈니	383백만 달러	44,5만 달러
소니	484,3백만 달러	12,7백만 달러
파라마운트	174백만 달러	7백만 달러
유나이티드 아티스트	15,9백만 달러	4,4백만 달러
라이언스게이트	76,7백만 달러	3,2백만 달러
STX	49,7백만 달러	175,3천 달러

만반의 준비를 하고 있다."고 이야기했다. 그는 또 "워너미디어는 영화 제작자와 극장이 가져가야 할 수익을 HBO맥스의 성공을 위해 쓰고 있다. AMC는 워너가 우리에게 희생을 강요하지 않도록 최선을 다해 대응할 것"이라고 덧붙였다.

제이슨 키라 워너미디어 대표는 "영화 제작자들이 이 새로운 영화 개봉 방식에 주목해야 한다."고 언급했다. 증가하는 스트리밍 서비스에서 더 많은 수익을 얻을 수 있을 것이라는 주문이다.

AT&T의 워너미디어는 미국 스트리밍 시장에 한발 늦게 뛰어들었다. HBO맥스를 처음 내놓은 시점이 2020년 5월이다. 잃어버린 시간을 회복하기 위해 HBO는 속도를 높이고 있다. 이를 위해 HBO맥스 이외에 2개의 스트리밍 서비스를 더 내놓는다는 보도들도 나오고 있다. TV채널 CNN을 기반으로 한 스트리밍 서비스와 TNT, TBS 등 워너브러더스 채널의 라이브러리를 앞세운 무료 스트리밍 서비스가 그것이다. 둘 다 광고 기반이다.

이 두 스트리밍 서비스는 무료 모델이다. 여기에 유료 구독 서비스인 HBO맥스를 묶어 스트리밍 서비스 시장을 공략하겠다는 전략이다. 이른바 HBO 번들이다. '인포메이션' 등 미국 현지 미디어들의 보도에 따르면 출시 시기는 2021년이다. HBO맥스 서비스는 2021년 광고 기반의 저가 상품도 내놓는다.

이 새로운 스트리밍 서비스들은 각종 케이블TV 채널을 가진 미디어 그룹의 시장 전략을 잘 보여준다. 바로 전통적인 케이블 채널들을 앞세워 스트리밍 서비스를 공략하는 것이다. 이에 앞서 디스커버리 채널을 소유한 디스커버리 커뮤니케이션도 디스커버리+로 스트리밍 시장에 진출했다. 디즈니도 디즈니+, 훌루, ESPN+를 운영하고 있는데, 2021년 초 디즈니의 케이블 채널을 포함하는 광고 기반 스트리밍 서비스를 추가로 론칭한다. 이 서비스들은 글로벌시장에도 공급된다. 이밖에 바이어컴CBS는 이미 CBS 올 액세스CBS All Access와 광고 기반 무료 OTT인 플루토Pluto를 성공적으로 운영 중이다. 여기서 끝이 아니다. 컴캐스트Comcast의 NBC유니버설은 스트리밍 서비스 피콕을 유·무료 버전으로 다양하게 출시했다.

CNN을 앞세운 '뉴스 기반 스트리밍 서비스'는 기존 케이블TV에서 방송하는 CNN과 똑같지는 않을 것 같다. 미국 현지 소식에 따르면 CNN 뉴스와 함께 다양한 다큐멘터리, 특정 이슈를 집중적으로 분석한 탐사 보도, 국제 뉴스 등의 스트리밍 오리지널 뉴스를 선보일 예정이다. 케이블TV CNN과의 영역 침해Cannibalization를 피하기 위해서다.

뉴스 기반 스트리밍 서비스 출시가 시장에서 처음 있는 일은 아니다. 경쟁 채널인 FOX는 2018년에 월 6달러 구독료의 스트리밍 서비스 '폭스네이션FOX Nation'을 출시한 바 있다. 폭스 뉴스 진행자들의 스페셜 프로그램으로 시작해 최근에는 라이프스타일과 엔터테인먼트 콘텐트까지 영역을 확장했다. 그러나 FOX는 아직까지 정확한 가입자 현황을 밝히지 않고 있다.

강력한 지상파 뉴스를 소유한 바이어컴CBS도 지역 뉴스 스테이션의 기사를 묶어 서비스하는 CBSN이라는 24시간 스트리밍 서비스를 내놓았다. 광고 기반 서비스인데, 현재 가입자가 수천만 명 정도다. 2021년부터는 해외 진출도 생각하고 있다.

CNN은 이들 서비스와 차별화하겠다는 전략이다. 이와 관련하여 CNN은 2015년 디지털 벤처를 론칭한 바 있다. 주로 3분 내외의 숏폼 다큐멘터리를 제공하는데, 버즈피드 등 디지털 뉴스 미디어와 경쟁하기 위해 설립한 회사다. 하지만 2020년 초 아쉽게 문을 닫았다. 그러나 CNN의 이런 도전을 실패로 규정할 수는 없다. 대신 지난 2019년 CNN은 뉴미디어 뉴스 시장을 향한 또 다른 도전을 시작했다. 바로 뉴스고NewsGO라는 뉴스 집합 서비스News Aggregator다. 페이스북이나 구글의 뉴스 페이지와 비슷하다. CNN의 새로운 스트리밍 서비스는 이들 서비스의 진화다.

한편, AT&T의 CEO 존 스탠키John Stankey는 워싱턴포스트와 나눈 온라인 인터뷰에서 워너미디어의 결정에 대해 이렇게 말했다. "영화관은 우리 사회에서 중요한 역할을 계속할 것이다. 그러나 스트리밍 서비스는 이미 마구간을 떠난 말이다."

코로나바이러스로 인해 결정이 빨라졌지만, 극장과 스트리밍 서비스의 동시개봉 허용은 시간문제였다는 이야기다. 스탠키는 "우리는 곧바

구분	내용
AT&T(CNN)	- CNN 뉴스 포함 오리지널 뉴스 스트리밍 서비스 론칭, 실시간 채널 서비스 제공 - 자사 스트리밍 서비스인 HBO맥스에도 CNN 다큐멘터리, 특별 인터뷰 등 제공 - HBO맥스에는 CNN 외 'AXIO on HBO', VICE 등 뉴미디어 뉴스 콘텐트 편성
바이어컴 CBS	- CBSN, 미국 지역 및 전국 네트워크 뉴스 스트리밍(채널 서비스) - CBS 올 액세스에 CBS 뉴스 및 오리지널 뉴스 제공 - 무료 스트리밍 서비스 플루토TV에 CBS 뉴스 포함 20여 개 뉴스 채널 서비스
컴캐스트	- NBC 뉴스 프로그램 및 콘텐트를 자사 스트리밍 서비스 피콕에서 제공 - 피콕에서 실시간 뉴스 채널 서비스 및 타사 뉴스 채널(Cheddar, CNN)도 서비스
FOX	- 폭스네이션이라는 뉴스 스트리밍 서비스 별도 론칭(월 6달러) - 폭스네이션에는 뉴스 오리지널 콘텐트 및 프로그램 제공 - 무료 스트리밍 서비스 Tubi에는 뉴스 편성하지 않음
디즈니	- 자사 스트리밍 서비스 훌루에 미국 3대 네트워크(ABC, NBC, CBS) 뉴스 모두 편성 - ABC, 디즈니 채널 등이 포함된 신규 스트리밍 서비스(가칭 Star) 론칭 - 디즈니+는 뉴스를 편성하지 않는 원칙

로 상영할 수 있는 많은 영화를 보유하고 있다. 라이브러리가 충분하다. 그러나 사람들이 극장을 안전하다고 느끼기 전까지는 과거로 돌아가지 않을 것"이라고 설명했다.

한국도 코로나바이러스 대유행으로 영화, 미디어, 극장 사업이 큰 타격을 입었다. 극장은 관객 점유율이 낮아지면서 무급휴직과 매각설에 휩싸여야 했다. 관객 감소로 많은 신작 영화들이 제대로 홍보조차 못 하고 소리소문없이 스트리밍 서비스로 자리를 옮겼다. 이렇게 변화한 유통 트렌드가 소비자들의 시청 패턴도 바꿔 놓을 가능성이 크다. 워너미디어처럼 모든 작품을 극장과 스트리밍 서비스에서 동시에 개봉하는 급진적인 정책은 나오지 않을 것으로 보인다. 그러나 2021년 이후에는 일정 수준 변화가 불가피해 보인다.

예상되는 첫 번째 변화는 스트리밍 서비스에 공급하는 오리지널 콘텐트가 늘어날 것이라는 점이다. 이와 함께 시청자도 변할 것이다. 이제 극장은 단순히 신작 영화를 보는 공간이 아니라 문화를 즐기는 장소가 될 것이다. 집에서 이미 본 영화라 해도 극장에서 즐기는 건 의미가 다를 수 있다. 일부 한국 영화 체인들이 이 혼란 속에서도 관람료를 인상한 것만 봐도 미래를 예측할 수 있다.

influencer

미디어 스타트업과 콘텐트의 미래

2020년 상반기에 시작된 코로나바이러스 대유행은 엔터테인먼트 업계에 그야말로 악몽과 같았다. 기존에 구축된 수익 기반 시스템(광고) 및 밸류 체인이 작동하지 않았기 때문이다. 그러나 스타트업Start-up에는 다르다. 영웅은 혼란의 시기에 등장한다.

미디어 스타트업 중 집에서 즐길 수 있는 오락을 제공하는 기업에 새로운 기회가 주어졌다. 영상회의 솔루션 줌Zoom도 그렇고 공유 극장 플랫폼 시너Scener도 이용량이 급증했다. 그러나 문제는 코로나바이러스의 영향이 줄어든 이후에도 생존할 수 있을지 여부다.

미국 미디어 전문가들과 매체들의 예측을 참조해 스타트업에서 유니콘으로 성장 가능한 기업들을 꼽아보았다. 모바일 게임, 게임 커뮤니티 플랫폼, 개인 취향 미디어, 집에서도 멀리 떨어진 사람과 실제 대면하는 듯한 느낌을 주는 미디어 기업 등이 여기에 포함되었다. 미국의 변화를 보면 한국의 미래도 보인다. 한국에도 이미 이런 종류의 서비스를 시작한 스타트업이 있을지 모른다.

번치 Bunch

번치는 모바일 게임 소셜미디어다. 게임 이용자들이 함께 게임을 할 때, 서로 동영상 채팅을 할 수 있게 해주는 앱이다. 2017년 셀커크 아틀리Selcuk Atli, 제이슨 리앙Jason Liang, 조단 호울렛Jordan Howlett에 의해 설립됐다. 모바일 게임은 코로나바이러스 대유행 이후 뜨고 있는 분야 중 하나다. 조사 분석 업체 뉴주Newzoo에 따르면 글로벌 모바일 게임 시장은 2023년까지 33% 이상 성장할 것으로 전망된다.

보통 게이머들 간의 대화는 PC 기반 전략 시뮬레이션 게임에 적용되어 왔는데, 번치는 개념을 바꿨다. 모바일이나 캐주얼 게임을 할 때 영상통화나 채팅을 할 수 있게 말이다. 친구와의 즐거운 시간이 더 의미 있도록 만든 기능이다.

모바일 게임 소셜미디어, 번치

이런 매력적인 기능이 실리콘밸리의 투자자들을 이끌었다. 번치는 앱 안에서 별도 아이템을 구입할 수 있는 인앱In-app 기능으로 수익화에 나섰다. 감정 표현 등을 담은 이모티콘도 판매한다. 기업 협찬 콘텐트와 이벤트도 유치하고 있다.

서브스택 Substack

요즘 미국에서 뜨고 있는 뉴스레터 서비스 플랫폼이다. 2017년 크리스토퍼 베스트Christopher Best, 해미시 맥켄지 Hamish McKenzie, 자이라즈 세티 Jairaj Sethi 등이 창업했다. 이 서비스를 이용하는 프리랜서 기자들이나 작가들은 자신의 콘텐트로 독자들에게 뉴스레터를 제공할 수 있다. 서브스택은 콘텐트를 제공해주는 대신 일정 수준의 수수료를 받는다. 법률적인 지원도 하고 있다. 수수료는 뉴스레터 구독료의 10%다.

코로나바이러스 대유행 이후 이용자들이 급증하고 있다. 기존 레거시 미디어 회사에서 일하던 기자들도 잇따라 뉴스레터 서비스에 합류하고 있다. 복스VOX의 매튜 이글레시아스Matthew Yglesias, 버지 The Verge의 케이시 뉴턴 Casey Newton, 뉴욕 매거진 New York Magazine의 앤드류 설리번Andrew Sullivan, 더 인터셉트The Intercept의 클렌 그린왈드Glenn Greenwald 등 유명 미국 전문기자들이 서브스택의 뉴스레터 합류했다. 2020년 말 기준 6,000만 달러 이상으로 기업가치를 평가받고 있지만, 매출액은 100만 달러 정도인 것으로 예측되고 있다.

웨이브 Wave

한국의 OTT 서비스와 이름이 유사하지만, 미국 기업이다. 웨이브는 원래 라이브 공연을 보지 못하는 관객들을 위해 뮤지션들의 공연을 온라인 및 VOD로 제공하는 서비스였다. 그러나 거의 모든 야외 공연이 불가능해진 지금, 라이브 콘서트의 대안으로 빠르게 자리 잡고 있다.

2016년 애덤 애리고 Adam Arrigo, 애런 렘케 Aaron Lemke 등이 설립한 이 회사의 기업가치도 나날이 상승하고 있다. 게다가 이들이 연출하는 콘텐트는 단순한 공연이 아니다. 모션 캡쳐 기능이 있는 옷을 입고 공연을 하면, 시청자들이 각종 애니메이션 효과가 담긴 콘서트를 볼 수 있다. 웨이브는 코로나바이러스 대유행 시대, 효과적이고 화려한 기술로 사람들에게 공연을 전달하고 있다. 스마트폰 애플리케이션과 각종 소셜미디어 서비스, 게임기를 통해서 말이다.

현재 웨이브는 50개 이상의 공연 및 이벤트를 선보이고 있다. 웨이브에서 선보인 위켄드 The Weeknd 공연 영상은 틱톡과 유튜브를 통해 300만 명 이상의 순 방문자를 기록했다. 팬들의 기부를 통해 지난 2020년 8월 35만 달러를 벌어들이기도 했다.

웨이브는 음악과 게임 산업에서 큰 주목을 받고 있다. 워너뮤직 그룹과 파트너십을 맺었고, 가수 제이Z Jay Z 의 락 네이션 Rock Nation 과도 공연 연출 계약을 체결했다. 웨이브가 수익을 올리는 주된 방식은 협찬 및 기업 스폰서십 brand sponsorships 그리고 인앱 방식의 버추얼 상품 판매다. 코로나바이러스 대유행 이후에는 무대를 잃은 뮤지션들을 관객과 연결해주는 방식으로 비즈니스를 확장하고 있다.

웨이브의 강점은 상호교감에 있다. 그들은 온라인에서 관객과 아티스트를 연결한다. 아티스트들은 랜선을 통해 팬들과 정서적으로 연결된다. 2020년 11월 웨이브는 중국 기업 텐센트 Tencent 와 파트너십을 맺었다. 텐센트는 협업의 일환으로 웨이브 주식을 소액 인수했다.

코로나바이러스의 확산으로 공공장소에 대한 불안감이 커지고 있다. 특히, 극장은 오랜 시간 폐쇄된 곳에 함께 머물러야 한다는 우려 때문에 이용객이 급감했다. 그런 이유로 집에서 영화나 TV프로그램을 보는 넷플릭스, 디즈니+ 등 스트리밍 서비스의 인기가 더욱 높다. 그러나 관객들의 갈증은 여전하다. 친구들과 함께 영화관에서 영화를 보는 시청 경험만큼은 이들 스트리밍 서비스가 해결해주지 못하기 때문이다.

스트리밍 서비스를 함께 시청할 수 있는 이른바 '버추얼 극장(공유 시청)'의 인기가 높아지고 있다. 시너나 넷플릭스 파티Netflix Party가 대표적인데, 이들 서비스를 이용하면 하나의 콘텐트를 최대 20명까지 동시에 시청할 수 있다.

미국 시애틀에 본사를 둔 시너는 가상 극장 솔루션 회사다. 시너를 이

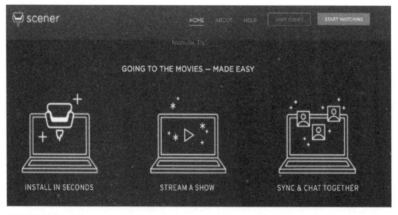

공유 시청 서비스, 시너

용하면 최대 20명까지 넷플릭스나 디즈니+, HBO맥스 등 10여 개 스트리밍 서비스를 동시에 즐길 수 있다.

시청 중인 친구들과 드라마에 관한 채팅을 할 수도 있고, 친구들의 얼굴을 보며 감정을 공유할 수도 있다. 시너는 파티에 참여 가능한 인원을 계속 늘리고 있다. 시너의 COO이자 공동 창업주인 조 브라이드우드Joe Braidwood는 미국 현지 언론과의 인터뷰에서 "시너의 수익 모델은 SVOD, AVOD 회사와 함께 이벤트를 열어 수익을 올리거나 광고를 유치하는 것"이라고 말한 바 있다. 시너를 통해 온라인 시사회를 열 수도 있고, 기업들이 제품 발표회를 진행할 수도 있다. 미국 진출을 원하는 기업들의 참여를 유도할 수도 있어 보인다.

포켓와치 Pocket.watch

포켓와치는 어린이와 관련한 유튜브 프로그램을 만드는 스튜디오다. 어린이 전문 크리에이터와 계약해 상품과 관련한 영상을 만들어주고 브랜드 장난감도 만든다. 2017년 크리스 윌리엄스Chris Williams가 설립했다.

어린이 관련 유튜브 스튜디오, 포켓와치

현재 포켓와치의 가장 큰 채널은 '라이언 월드_{Ryan's World}'다. 장난감을 먼저 사용해보고 리뷰도 방송한다. 미국 유명 어린이 방송 케이블TV 채널 니클로디언에서도 최고 사이트로 선정된 바 있다.

어린이 콘텐트는 성장 가능성이 매우 크다. 스트리밍 서비스도 어린이 콘텐트로 가입자를 끌어모을 수 있다. 이는 포켓와치의 성장이 긍정적이라는 뜻이기도 하다.

액션 네트워크 Action Network

스포츠 로또 이용자들을 위한 뉴스와 정보 제공 사이트. 2017년에 설립된 회사로 1억 달러의 기업 가치를 평가받고 있다. 액션 네트워크는 최근 새로운 전기를 맞고 있다. 2020년 들어 미국의 8개 주에서 모바일 스포츠 베팅을 허용했기 때문이다. 또 다른 2개 주에서도 합법적인 승인을 검토하고 있다. 전문적이고 차별화된 정보를 원하는 스포츠 팬들이 최근 이 회사에 몰리고 있다. 그래서 M&A 관련 주가가 급상승 중이다. 현재 유료 이용자는 7만 명 이상이다.

오버타임 Overtime

미국 고등학교 스포츠 영상을 공급하는 디지털 미디어다. 특히, 농구와 미식축구 취재에 특화되어 있다. 2016년에 댄 포터_{Dan Porter}, 자카리 와이너_{Zachary Weiner}에 의해 설립됐는데, 2020년 매출이 약 1,500만 달러였다. 전년보다 두 배가량 상승한 수치다.

오버타임의 이 같은 상승세는 코로나바이러스 대유행 덕분이다. 스포츠가 모두 중단되면서 이들의 소식을 궁금해하는 팬들이 늘었다. 오버타임에서는 스포츠 소식과 함께 경기 영상도 볼 수 있다. 스타트업이 이런 서비스를 할 수 있었던 건 상대적으로 저렴한 중계권료에 기인한다. 그래서 오버타임의 타깃층은 명확하다. 13~34세다.

특히, 오버타임은 10대들을 상대로 그들의 친구이자 가까운 우상인 운동선수들의 연습 영상과 뉴스를 공급한다. 다른 어느 곳에서도 볼 수 없는 콘텐트다. 그런 이유로 오버타임의 광고주와 팔로워가 급속도로 늘고 있다.

에필로그

이미 시작된 새로운 미래

새로운 미래를 보여주기 위해 책을 썼지만, 책 한 권으로 볼 수 있는 미래에는 한계가 있을 수밖에 없다. 나 역시 부족함을 느낀다. 다만 인플루언서의 다양한 활동과 코로나바이러스 대유행 이후 급변한 콘텐트 시장을 보면서, 독자들이 미래를 상상하는 데 조금이나마 도움이 될 수 있었기를 바라는 마음이다.

책을 마무리하면서 왜 인플루언서와 콘텐트의 미래를 동일 선상에 놓고 서술했는지를 밝히고자 한다. 인플루언서와 콘텐트, 어찌 보면 어울리지 않을 것 같은 요소다. 그러나 지금 우리의 일상을 지배하고 있다는 측면에서 보면 함께 다룰 수 있는 주제라고 생각했다. 이 둘은 특히 코로나바이러스 대유행 이후 본격적으로 부상하고 있는 영역이기도 하다. 인플루언서들이 추천하거나 소개하는 상품을 구입해 사용하는 경우가 부쩍 늘었고, 코로나바이러스 대유행 이후 콘텐트 소비량(특히, 스트리밍 콘텐트)도 급격히 늘었다.

코로나바이러스 대유행 시대, 콘텐트를 만드는 개인에게는 더 많은 기회가 열릴 것으로 보인다. 인스타그램 릴스, 아마존 프라임 비디오 등 개방형 플랫폼, HBO맥스 등 전문 OTT 서비스에서도 개인 창작자의 역할이 커지고 있다. 한국도 카카오TV, 네이버, 쿠팡플레이 등 신규 스트리밍 서비스가 기지개를 켜기 시작했다.

플랫폼 경쟁은 콘텐트 경쟁의 전조다. 대형 스튜디오들이 먼저 움직이겠지만 소형 스튜디오나 개인들에게도 기회가 열려 있다. 유튜브는 말할 것도 없고, 아마존 프라임 비디오에도 개인이 올린 영상이 다수다. 넷플릭스의 경우에는 이런 방식의 콘텐트 수혈이 필요 없겠지만, 시장에 늦게 참여하는 후발 사업자들에게는 프로그램 다양성이 매우 절실하다. 미국 인플루언서들도 자체 채널에서 시작해 스트리밍 서비스에 진출하는 사례가 많다.

스트리밍 서비스는 그야말로 판이 바뀌고 있다. 방송 중인 프로그램을 일일이 찾아보던 시대에서 원하는 방송 프로그램을 추천받는 시대로 진화하고 있다. 각 스트리밍 서비스들이 인공지능을 활용해 개인의 취향을 파악하는 것과 같은 흐름이다. 이런 시장에서는 '나만을 위한 콘텐트'가 필수다.

극장용 콘텐트도 마찬가지다. 이제 극장에서만 상영되는 콘텐트는 없다. 다른 말로 하자면, 스트리밍 서비스에 콘텐트를 빼앗긴 극장도 자신들의 플랫폼을 지키기 위해 색다른 콘텐트를 수급할 것이라는 이야기다. 극장에 상영되는 콘텐트의 다양성이 확대될 것임은 자명하다. 그냥 문을 닫고 있을 수는 없지 않은가?

뒤에 다시 언급하겠지만 2021년은 미디어 콘텐트 업계에 매우 중요한 시기다. 스트리밍 서비스라는 새로운 질서가 확산할 테고, 코로나바이러스 이후 이용자를 확보하기 위한 경쟁도 본격화할 것이다. 미디어의 역사를 돌이켜보면 늘 그랬다. 이렇게 판이 바뀌는 시기에는 콘텐츠의 힘이 극대화됐다. 1900년대 초반 미국 스튜디오들이 힘을 키우던 시기가 그랬고 대공황 이후 TV 전성시대를 열었던 때도 마찬가지였다.

여기서 미국 사례를 드는 이유는 미국 시장에 대한 이해도를 높이기 위해서가 아니다. 이미 판이 바뀌고 있는 미국 시장의 현재를 살핌으로써 한국의 미래를 예측하는 데 조금이나마 도움이 되었으면 하는 바람 때문이다. 이런 관점에서 2021년 한국 미디어 시장은 내외의 변수에 의해 요동칠 것이다. 내부에서는 새로운 시대에 부합하는 콘텐츠가 나오고, 외부에서는 한국 시장을 차지하려는 새로운 미디어 서비스가 들어올 것이다. 콘텐츠 창작자 입장에서는 기회다. 지금의 기회를 잡기 위해 우리는 무엇을 해야 하는가?

▌인플루언서

책에서 언급한 인플루언서들은 어쩌면 이미 성공한 사람들이다. 그들을 따라가려 하지만 모두가 그렇게 될 수는 없다. 1부에서도 언급했듯이 일단 기본 원칙은 '창의성'이다. 창의성을 기본으로 어떤 항목들이 있어야 소셜미디어 시장에서 성공할 수 있을지, 어떤 요소를 더 갖춰야 크리에이터로 빨리 자리 잡을 수 있을지 아는 게 중요하다.

여기서 코로나바이러스 대유행 이후 인플루언서로 성공하기 위해 갖춰야 할 요소들을 정리해 본다. 참고로 이 모든 성공 포인트를 관통하는 키워드는 '꾸준함'이다. 인플루언서를 꿈꾼다면 정기적인 포스팅과 능력 개발은 필수다. 팔로워들과의 약속은 매우 소중하다. 직장인이 매일 회사에 가는 이유와 같다. 자기가 좋아하는 이슈에서 시작해 꾸준히 콘텐트를 올려라. 그게 기본이다.

마이크로 인플루언서가 돼라

이제 온라인을 넘어 오프라인 시장에서도 인플루언서의 영향력이 커지고 있다. 기업들도 점점 더 많이 인플루언서들과 마케팅을 펼칠 것이다. 미국에서도 코로나바이러스 대유행 이후 이른바 전문 인플루언서들의 힘이 강해지고 있다. 전문성을 띤 마이크로 인플루언서 Micro influencer. 간단한 개념이지만 이루기는 쉽지 않다.

플로리다의 소도시 사라소타 Sarasota에 사는 지기 코바흐 Gigi Kovach. 그녀는 두 아이의 엄마이자, 파트타임 인플루언서다. 파트타임 인플루언서란 말 그대로 다른 직업이 있고 부업으로 인플루언서를 즐긴다는 의미다. 요즘 쓰는 표현으로 '부캐(부 캐릭터)' 정도로 이해될 수 있겠다.

21살에 첫 아이를 가졌을 때, 코바흐는 다른 엄마들이 쓴 육아 블로그와 인스타그램에 끌리는 자신을 발견했다. 어린 나이에 아이를 가진 터라 정보가 너무 없었기 때문이다. 자신의 처지와 비슷한 사람들을 보면서 공동체 의식을 느낀 코바흐는 인스타그램에 매일 육아일기를 올렸다. 어린 엄마의 생생한 육아 경험담이 대부분이었다. 약 2년이 지나 인스타그램 팔로워가 2,000명이 넘었을 즈음에는 블로그도 만들었다. 블로그에는 주로 가족과 휴일을 즐기는 법, 맛집, 요리법, 플로리다 지역

여행과 관련한 콘텐트를 올렸다. 코바흐는 한 언론과의 인터뷰에서 "그때 '여기에 뭔가가 있다. 아마 이걸로 돈을 벌 수 있겠다'고 생각했다."고 말했다.

2020년 12월 현재 코바흐의 인스타그램 팔로워는 13,500명 정도다. 규모가 그리 크지 않은 마이크로 인플루언서다. 하지만 그녀는 전업 블로거가 아니다. 보통 미국에서는 10만 명 이하의 인플루언서를 마이크로 인플루언서라고 부른다. 반대 개념은 매크로Macro 인플루언서다. 그러나 이들 마이크로 인플루언서들도 오프라인 상점들처럼 경제를 형성하고 있다. 코바흐도 그녀의 인스타그램과 블로그에서 협찬이나 광고 수익을 올리기 시작했다.

그녀가 대단한 점은 자신의 본업과 이 일을 병행한다는 사실이다. 코바흐는 풀타임으로 일하는 본업과 마이크로 인플루언서를 통해 벌어들이는 수입이 반반이다. 크리에이터에 집중하다 보니 풀타임 직업의 수입이 절반으로 줄었다. 하지만 본인이 좋아하는 인플루언서 일에서 손해를 메운다. 월급이 2배가 되지는 않았지만 기쁨은 배 이상이다. 코바흐는 여러 기업과 제품 협찬 계약도 맺고 있다. 코바흐는 "한두 기업의 협찬만 유치해도 자동차 할부금이나 육아 도우미 월급 정도를 벌 수 있다."라고 털어놓기도 했다.

쉬운 일은 아니다. 그러나 코로나바이러스 이후 많은 직장인이 급여가 줄어들 위기에 있는 만큼 코바흐의 전략도 염두에 둘 가치가 있다. 비즈니스 인사이더에 따르면 미국인 34%가 코로나바이러스 대유행으로 인해 월급이 감소했다고 밝혔다. 한국도 상황이 별반 다르지 않다.

기업 협찬 포스트의 경우, 코바흐는 상품을 받기보다 협찬비를 받고 글을 쓴다. 가끔씩 상품을 받고 글을 써주기도 하지만, 그건 본인이 좋아하는 상품일 때에 한해서다. 그녀가 정한 협찬 비용 기준은 체계적이다. 인스타그램 스토리의 추천이나 스티커 탭sticker taps을 통해 평균 도달률, 열독률 등을 계산해 산출한다. 이밖에 콘텐트 독점 사용 기간(기업이 콘텐트를 얼마나 오래 사용할 수 있는지)도 고려한다. 미국과는 조금 다르겠지만, 우리도 이런 기준들이 빠르게 정착되고 있다.

코바흐는 한 포스트 당 500달러 정도를 받는다. 팔로워 10만 미만의 마이크로 인플루언서의 평균 가격이다. 여기에는 인스타그램 포스트와 기업의 제품 사진 5~10개 정도가 들어간다. 이 정도가 기본 요율이고 협상에 따라 가격이 약간씩 달라지기도 한다. 경우에 따라서는 적극적으로 영업에 나서기도 한다. 자신이 직접 써본 뒤 괜찮으면 인스타그램에 스스로 글을 올린다. 반응이 좋으면, 그 뒤에 그 브랜드 마케팅팀에 연락해 협찬 의사를 타진한다.

숏폼 비디오에 집중하라

인스타그램, 틱톡 등 소셜미디어 서비스에서 중독성 있게 소비되는 대표적인 콘텐트는 비디오다. 감염병 대유행 시대에는 더더욱 그렇다. 사람들은 점점 더 온라인 비디오에 집착한다. 시청률 조사기관 닐슨에 따르면 코로나바이러스 대유행 이후 온라인 영상 소비가 전 세계에서 60% 이상 성장했다. 나라마다 상황은 달랐지만 경향은 같았다. 이 중 5분 이하의 숏폼을 유심히 볼 필요가 있다. 틱톡은 물론이고 인스타그램도 숏폼 동영상 플랫폼인 릴스를 론칭한 바 있다.

미국의 경우, 크리에이터들의 실시간 비디오 중계가 급속히 늘고 있다. 블룸버그는 2020년 1월 페이스북의 실시간 중계 콘텐트 시청이 전년 대비 50% 늘었다고 밝히기도 했다. 이 같은 이유로 최근 소셜미디어 서비스 및 플랫폼들은 인플루언서들이 직접 만든 동영상을 더 편하게 올릴 수 있게 하는 데 주력하고 있다. 과거보다 훨씬 쉽게 영상을 포스팅할 수 있게 되었다는 이야기다. 영상은 블로그나 포스트를 더욱 매력적으로 만든다.

미국 인플루언서 마케팅 시장에서 틱톡 등 숏폼 동영상 서비스의 힘이 강해지고 있다. 비즈니스 인사이더가 200명의 디지털 마케팅 전문가를 대상으로 질문한 결과에 따르면 10명 중 3명이 인플루언서 마케팅 플랫폼으로 틱톡을 꼽았다. 글로벌시장에서 틱톡의 한 달 평균 활성 이용자 수는 8억 5,000만 명에 이른다.

새로운 숏폼 서비스도 나오고 있다. 페이스북은 2020년 11월 콜랩Collab이라는 실험적 서비스를 발표했다. 개인들이 연주한 숏폼 뮤직비디오들을 모아 하나의 장편 뮤직비디오로 만드는 창작 플랫폼이다. 애

이미 시작된 새로운 미래   251

플 앱스토어에 공개된 이 애플리케이션은 코로나바이러스 대유행 시대에 최적화된 서비스다.

코로나바이러스로 외부 공연이 무산되고 팬과의 만남이 불가능해진 뮤지션들에게 이 서비스가 대안이 될 수 있다. 새로운 무명 크리에이터들에게도 기회가 될 수 있다. 협업을 통해 듀엣곡을 만들거나 틱톡 뮤지컬 〈라따뚜이〉와 같은 작품을 완성해 낼 수 있다.

콜랩은 15초짜리 비디오 세 개를 서로 겹쳐 놓은 형태로 구성된다. 예를 들어 기타리스트, 드러머, 가수로 콜라보레이션을 구성할 수 있으며 각각 제작한 뒤 합쳐서 함께 연주한 효과를 낼 수 있다. 사용자는 다른 사용자의 비디오를 이용해 공동 작업을 완성할 수 있고, 음악 경험이 부족한 사람은 다른 사람들이 만들어놓은 세션을 이용해도 된다. 그야말로 코로나바이러스 시대에 최적화된 비대면 음악 창작 방법인 셈이다. 콜랩에 가입하면 기존 크리에이터들이 만든 음악이나 세션을 만날 수 있다. 이들을 조합해 새로운 음악을 구성할 수 있고, 함께 연주하고 싶은 음악가를 발견할 경우, 앱에서 그 창작자가 새 클립을 게시할 때마다 알림을 받을 수도 있다.

한국도 마찬가지일 것으로 보인다. 미국만큼 틱톡의 그림자가 두텁진 않지만, 숏폼으로 확장하면 미래가 보인다. 숏폼 콘텐트의 매력은 일단 보기 편하고, 포맷이 독특하다는 점이다. 기업들이 선호하는 형식인 셈인데, 확장 속도가 빨라서 입소문 내기가 매우 용이하다. 숏폼에 집중해야 하는 이유다.

숏폼 중에서도 틱톡에 주목해야 하는 이유는 확장성이 큰 플랫폼이기 때문이다. 틱톡은 비공식적이고 개인 친화적인 매체다. 많은 사람이 타

인과의 연결을 위해 그들의 일상을 기록한다. 사용하기도 편하다. 일상적이고 코믹한 장면들을 클릭 몇 번으로 친구들과 공유할 수 있다.

틱톡에 대항하기 위해 인스타그램이 공개한 릴스에도 기대를 걸어볼 만하다. 15초짜리 동영상을 올린다는 점에서는 틱톡과 거의 유사하지만, 증강현실AR이나 핸즈프리 기능 등 혼자서도 다양한 영상을 만들 수 있다는 장점이 있다. 스마트폰 하나로 깔끔하게 완결된 영상을 만들 수 있다. 마케팅 플랫폼으로 부상하고 있는 인스타그램과 함께 서비스된다는 점을 감안하면, 새롭게 이 시장에 진입하는 크리에이터가 작업을 검토해 볼 만하다.

광고주 · 소비자와의 유대관계를 강화하라

코로나바이러스 대유행 이후 사회의 불안정성이 높아졌다. 외부 활동이나 대면 마케팅이 어려운 상황인 만큼, 기업들은 인플루언서 마케팅에 더 많은 돈을 쓰고 있다. 비즈니스 인사이더에 따르면 미국 기업들이 2022년 한 해 동안 이 시장에 150억 달러를 쏟아부을 것으로 전망된다.

소비자들은 인플루언서의 포스트를 볼 때, 그것이 진짜인지 가짜인지 금세 눈치챈다. 크리에이터 초기에 주목을 받기 위해 올리는 무분별한 리뷰나 포스트가 오히려 독이 되는 이유다. 그러나 특정 장르나 제품에 대한 꾸준하고 성실한 포스트는 충성 독자를 만든다. 기업과의 유대감도 당연히 강해진다. 유대감은 파트너십으로 이어질 수 있다. 한국도 금세 이런 시장으로 옮겨갈 것이다. 미국의 많은 기업이 오프라인 이벤트를 인플루언서를 이용한 온라인 이벤트로 변경하고 있다. 이른바 온라인 홍보 대사 마케팅이다.

코로나바이러스로 인해 대면 접촉이 줄어든 지금, 이런 기회는 이전보다 훨씬 많다. 그래서 미국의 인플루언서들은 브랜드를 설득하거나 자신에 대한 신뢰감을 주기 위해 이른바 미디어 키트media kits를 만들어 배포한다. 구독자 분포, 기존에 일했던 광고주들, 적정 가격, 노출 범위도 포함되어 있다. 쉽지 않은 일이지만 신뢰를 쌓기 위해 중요하다.

인스타그램과 유튜브에 1,000~3,000명 정도의 구독자를 보유하고 있는 나노 라이프스타일 인플루언서 젠 로렌Jen Lauren은 기업과 협찬 계약을 맺고 수익을 올리기 시작했다. 나노 인플루언서Nano influencers는 5,000명 이하(유튜브 기준) 구독자를 보유하고 있지만, 특정 전문 영역에 특화된 창작자를 말한다. 로렌이 비즈니스 인사이더와 인터뷰한 내용에 따르면, 아마존 협력사 등과 협찬 계약을 맺었고 유튜브 광고 매출도 올린다. 이를 가능하게 한 것은 그녀의 A4 3장짜리 미디어 키트다. 그녀는 화장품, 운동 등 다양한 라이프스타일 제품을 리뷰하고 있다.

로젠은 그녀의 유튜브 구독자 분석을 담은 키트를 수많은 브랜드에 이메일로 보내 신뢰를 얻었다. 협찬 가격도 탄력적으로 설정해 소규모 기업들도 관심을 가지도록 유도했다. 그 결과, 몇몇 업체들이 리뷰를 위해 무료 제품을 보내줬고, 신뢰가 쌓이면서 계약으로도 이어졌다.

유튜브 채널 개설 이후 그녀는 뉴욕 지역 피트니스 센터의 수업을 촬영해 리뷰를 올렸다. 사람들이 요가 클래스 등을 결정할 때 실제 수업 장면을 보고 싶어한다는 점에 착안한 것이다. 몇몇 스튜디오와 접촉했고 무료로 홍보 영상을 찍을 수 있다는 말에 동의한 곳에서 촬영했다. 그중에는 유튜브 채널을 보고 수업을 등록할 경우, 할인 쿠폰을 주기로 한 곳도 있었다. 자발적 아이디어가 협찬으로 이어진 사례다. 현재 로렌의 유튜브 채널 구독자는 2,800명 정도지만 그녀의 다양한 시도는 멈추지 않는다.

한국과 마찬가지로 미국에서도 인플루언서의 부도덕한 협찬 광고 포스트가 논란이 된 적이 있다. 그래서 기업 마케팅 담당자들도 블로거나 인플루언서를 대상으로 이벤트를 할 때는 팔로워와의 신뢰 관계를 가장 먼저 본다.

홍보 대사 프로그램은 마이크로 인플루언서로 가는 첫 단계다. 크리에이터로서의 전문성을 보여줄 수 있는 가장 중요한 관문이다. 기업 차원에서도 브랜드의 안전을 보장하는 효과적인 방법으로 인플루언서 마케팅을 원한다. 그래서 무엇보다 진정성 있는 포스트가 중요하다. 당연한 이야기지만, 돈이 된다는 이유로 아무 콘텐트나 마구 올리면 발전할 가능성이 떨어진다.

콘텐트의 미래

코로나바이러스 대유행 이후 콘텐트 시장의 모든 질서가 바뀌고 있다. 버라이어티에 따르면 2020년 들어 13년간 이어지던 미국 TV프로그램 제작 증가 추세가 꺾였다. 2020년 한 해 동안 미국 지상파, 케이블, 스트리밍 서비스를 통틀어 1,577개 프로그램이 방송됐는데, 전년 대비 40여 개가 적었다. 코로나바이러스로 인한 제작 중단 때문이다. 여기서 우리가 주목해야 할 지점은 '레거시 미디어의 몰락'이다.

미국에서는 TV 피크TV PEAK, 즉 TV 전성시대라는 말이 자주 사용된다. 미디어 시장에서 TV 콘텐트의 영향력이 막강하기 때문이다. 할리우드에서 제작하는 TV 프로그램의 숫자는 해마다 증가해 왔다. 그러나 2020년에 큰 사건이 발생했다. 2008년 이후 이어지던 TV 프로그램 증가 추이가 멈춰섰다. 특히 문제가 된 것은 케이블TV와 지상파TV 네트워크의 몰락이다. 케이블TV는 2019년 905편에서 2020년 712편으로 193편(21.3%) 줄었다. 이에 반해 구독형 스트리밍 서비스는 승승장구했다. 2020년 HBO맥스, 피콕, 퀴비 등의 서비스가 시장에 진출하면서 신규 편성이 엄청나게 늘었다.

2019~2020년 플랫폼별 신규 프로그램 편성 수 (출처: 각 사)

구분	2019년	2020년
유료 스트리밍 서비스	473편	637편
무료 스트리밍 서비스	27편	43편
케이블TV	905편	712편
지상파TV	215편	185편

2020년 유료 스트리밍 서비스에 편성된 신규 프로그램은 637편이었다. 2019년 473편에 비해 164편(34.7%)이나 늘었다. 이 숫자는 2021년에 더욱 늘어날 가능성이 있다. 다큐멘터리 전문 채널 디스커버리+가 신규 론칭했고, CBS 올 액세스는 파라마운트+ ₚₐᵣₐₘₒᵤₙₜ₊로 이름을 변경하고 오리지널 콘텐트를 대거 편성한다.

코로나바이러스 이후 급성장한 스트리밍 서비스가 변화의 중심에 설 것은 자명하다. 미국의 경우, 2019~2020년에 걸쳐 대부분의 미디어 기업들이 이 시장에 들어왔다. 디즈니+, 애플 TV+, HBO맥스, 피콕, 파라마운트+, 디스커버리+ 등이 대표적이다. 2020년까지는 이들 기업이 미국 시장에서만 서로 경쟁했다. 그러나 각 기업의 발표를 종합해보면 2021년부터 본격적인 해외 진출이 예상된다. 앞서 디즈니+와 워너미디어의 사례를 언급한 이유가 여기에 있다.

일단 2021년 한국 시장 진출을 공언했거나 검토하고 있는 사업자만 디즈니+, HBO맥스, CBSN 등이 있다. 2021년 이후 한국 미디어 시장은 이들 스트리밍 서비스가 주도하고 지상파 방송 등 레거시 미디어가 따라가는 형국이 될 가능성이 크다.

2021년에는 코로나바이러스로 인한 제작 장애가 상당 수준 풀릴 것으로 보인다. 제작 및 편성 편수가 다소 회복될 전망이다. 특히, 스트리밍 서비스에 편성되는 오리지널은 더욱 늘어날 가능성이 있다. 새로운 서비스들이 잇따라 출시되기 때문이다. 그러나 케이블TV나 지상파TV는 고전할 가능성이 크다. 신규 제작 편수를 줄이는 대신 비용도 더 감소시켜 불황형 흑자를 추구할 수도 있다. TV 피크 시대는 이제 다시 오지 않을 것이다.

스트리밍 오리지널 시장을 보라

스트리밍 서비스가 시장을 이끌 것으로 보는 이유는 이들 플랫폼에서만 볼 수 있는 오리지널 콘텐트 때문이다. 닐슨에 따르면 넷플릭스 오리지널 작품 중 2020년 주간 시청률 상위 30위에 포함된 콘텐트는 325개나 된다. 2위는 디스커버리와 OWN, HGTV 채널 등을 송출하는 인베스티게이션 디스커버리 채널 그룹인데 48개 정도다.

스트리밍 서비스가 콘텐트 시장을 주도하고 있다는 의미다. 넷플릭스는 2020년 제작 편 수도 325편으로 타사를 압도했다. 넷플릭스는 미국에서 오리지널 콘텐트를 가장 많이 공급하는 회사다. 2020년 말에도 〈퀸스 갬빗〉이 LA타임스가 선정한 2020년 가장 뛰어난 TV프로그램 중 하나로 꼽혔다.

이런 점에서 보면 한국 시장은 아직 초기 상태다. 내세울 만한 스트리밍 서비스의 오리지널 콘텐트가 없기 때문이다. 물론 이런 점 때문에 한국에 진짜 스트리밍 서비스가 없다고 말하는 전문가도 있다. 하지만, 해외 사업자들이 국내에 진출하면, 국내 미디어 기업들도 움직일 수밖에 없다. 움직임은 자체 콘텐트에 대한 투자로 이어질 것이다.

앞으로 콘텐트 시장에 참여하기를 원하거나 크리에이터로 참여하고자 하는 사람들은 이 점에 주목해야 한다. 자체 콘텐트 중 상당수는 대형 미디어 스튜디오들이 채우겠지만, 소형 혹은 개인 크리에이터에게도 기회가 없는 것은 아니다. 아니 기회가 많다. 미국의 경우, 아마존 프라임 비디오에도 개인이 만든 영상이 올라가고 있다. 스트리밍 서비스가 만들 새로운 생태계에 기대를 걸어볼 만하다.

2021년 이후 한국 시장은 글로벌 스트리밍 서비스들의 각축장이 될

서비스	2020년 신규 작품 수	서비스	2020년 신규 작품 수
넷플릭스	325	OWN	17
퀴비	69	사이언스	17
ID	48	내셔널지오그래픽	17
프라임 비디오	43	옥시젠	17
PBS	42	유튜브	17
디스커버리	40	A&E네트워크	16
HGTV	36	피콕	16
푸드네트워크	35	MTV	16
ABC	35	페이스북 와치	15
훌루	34	애덜트 스윔	14
HBO	33	티!	14

것으로 보인다. 이들에게는 스트리밍 오리지널 콘텐트가 중요할 수밖에 없다. 콘텐트 크리에이터들에게는 기회가 될 것이고, 시청자들에게는 새로운 기쁨이 되어줄 것이다.

흔들리는 플랫폼, 춤추는 콘텐트

스트리밍 서비스는 TV 시장만 흔드는 게 아니다. 영화 시장도 꿈틀거리고 있다. 코로나바이러스 대유행으로 당분간 극장 이용이 여의치 않은 상황에서 스트리밍 서비스로 직행하는 영화들이 더욱 늘어날 것이다. 그래서 영화사들도 변하고 있다. 디즈니 스튜디오가 그랬고 NBC유니버설이 움직였다. 소니도 스트리밍 서비스 '크런치롤Crunchyroll'을 인수했다. 자사 영화나 애니메이션을 상영할 공간이다. 그리고 이 변화에 적응하지 못한 사업자는 미래에 대한 불안으로 방황하고 있다. 〈007 제임스 본드〉 시리즈, 드라마 〈핸드메이즈 테일 The Handmaid's Tale 〉 등으로 유명한 영화 스튜디오 MGM이 매물로 나왔다.

2020년 할리우드 화제의 인물 중 한 사람은 워너미디어의 CEO 제이슨 키라다. 2020년 초 취임한 그가 2020년 말에 큰일을 냈다. 지상파 TV, 케이블TV, 영화 사업의 대규모 구조조정에 이어 2021년에 개봉하는 모든 영화를 극장과 스트리밍 서비스에서 동시에 상영하겠다고 초강수를 둔 것이다.

워너미디어의 사례를 보며 한국에서의 변화도 조심스럽게 예측할 수 있다. 극장에서 개봉했던 영화들이 이제는 스트리밍으로 이동하고 있다. 극장 콘텐트의 이동은 새로운 트렌드를 만들고 있다. 그중 하나가 '스트리밍 콘텐트의 다양성'이다. 이제 스트리밍 서비스에서도 웬만한 영화 수준의 콘텐트를 쉽게 찾을 수 있다. 더 이상 극장용과 TV용의 질적 차이가 존재하지 않는다. 장르도 다양해졌다. 오락, 드라마를 찾던 스트리밍 서비스 이용자들이 이제는 다큐멘터리, 스포츠 등 취향에 맞는 다른 장르의 프로그램을 찾고 있다.

코로나바이러스가 만든 극장 공동화 Hollowing of Theater 는 그들에게 위기이자 변화의 계기를 마련했다. 워너미디어, NBC유니버설, 디즈니 등 주요 할리우드 스튜디오의 극장 개봉 영화 제작비는 최소 2억 달러 이상이다. 여기에 온라인 마케팅 정책으로 홍보비마저 줄어들면서 그 돈이 다시 제작에 투입되고 있다. 코로나바이러스 대유행이 만든 변화다.

극장은 이제 더욱 화려하고 좋은 시설로 무장하고 있다. 단순히 콘텐트를 보는 공간이 아니라 문화를 즐기러 가는 장소로 바뀌는 것이다. 슬

픈 이야기지만, 영화 관람 비용도 더 많이 상승할 수 있다. 그러나 문제는 시간이다. 극장에 남은 시간이 얼마나 될까? 이 같은 질적 변화를 수용하고 견디는 사업자만이 살아남을 것이다. 이는 한국과 미국 모두 마찬가지다.

극장, TV 콘텐트로 유발된 스트리밍 서비스의 개화는 한국 콘텐트 사업자 혹은 창작자에게 새로운 기회를 제공할 수 있다. 바로 이 지점에서 한국의 콘텐트 제작자들에게 희망이 있다. 기존의 편성 개념에 묻혀 방송 기회를 잡지 못했던 콘텐트가 스트리밍 서비스에서 새 생명을 부여받을 수 있다. 상영 공간도 TV로 한정되지 않는다. 플랫폼 측면에서는 경쟁이지만, 콘텐트 측면에서는 판로가 늘어날 수 있다. 자체 제작 콘텐트 위주로 편성하는 스트리밍 사업자들의 경쟁이 치열해질 경우, 프로그램 수급에도 적극적으로 나설 것으로 예상된다. 미국에서 자연 다큐멘터리 채널을 운영하는 디스커버리가 과감히 스트리밍 시장에 뛰어든 이유도 여기에 있다.

2020년은 스트리밍 시장의 판이 형성되는 시기였다. 2021년 이후는 판이 갈라지며 서로의 전문 영역을 구축하는 시기가 될 것이다. 한국노 뉴스, 스포츠, 다큐멘터리 등 각각의 전문 스트리밍 서비스가 등장할 수 있는 토양이 마련됐다. 미국은 이미 꿈틀거리고 있다. 앞서 언급했듯이 다큐멘터리 전문 디스커버리가 시동을 걸었다. 뉴스 시장도 다양한 사업자들이 스트리밍 오리지널 콘텐트를 내놓고 있다. 폭스보다 더 극우적인 매체인 뉴스맥스NewsMax도 팬들을 위해 오리지널 뉴스를 선보인다.

한국 콘텐트 사업자 혹은 크리에이터들도 이 같은 플랫폼 춘추전국 시대에 대비해야 한다. 웨이브, 카카오TV, 네이버 등 다양한 포털과 방

랭킹	SVOD 오리지널	영화개봉일	플랫폼
	2020년 스트리밍 개봉 영화 흥행 순위 (출처: 버라이어티)		
1	Hailton: The Movie	2020. 7. 3	디즈니+
2	Borat 2: Subsequent Moviefilm	2020. 10. 23	프라임 비디오
3	My Spy	2020. 6. 26	프라임 비디오
4	Extraction	2020. 4. 24	넷플릭스
5	Phineas & Ferb the Movie: Candace Against the Universe	2020. 8. 28	디즈니+
6	Mulan	2020. 9. 4	디즈니+
7	The Old Guard	2020. 7. 10	넷플릭스
8	The Trial of the Chicago 7	2020. 10. 16	넷플릭스
9	Roald Dahl's The Witches (2020)	2020. 10. 22	HBO맥스
10	The Lovebirds	2020. 5. 22	넷플릭스

송사들이 스트리밍 플랫폼의 판을 깔기 시작했다. 이제 이 판에서 판매할 상품(콘텐트)이 필요한 시기다. 그 상품은 과거 TV 시절이나 코로나 바이러스 이전 시대와는 무척 다를 것이다. 보다 개인적이고 날 것이라 할지라도 소비될 수 있다. 플랫폼에 적합하다면 말이다.

100만 팔로워 크리에이터, 매출 1,000억 콘텐트의 비밀
넥스트 인플루언서

초 판 1쇄 인쇄 2021년 3월 5일
      1쇄 발행 2021년 3월 10일

지은이 한정훈
펴낸이 박경수
펴낸곳 페가수스

등록번호 제2011-000050호
등록일자 2008년 1월 17일
주   소 서울시 노원구 중계로 233
전   화 070-8774-7933
팩   스 0504-477-3133
이 메 일 editor@pegasusbooks.co.kr

ISBN 978-89-94651-41-5 03320